KB115160

처음 시작하는
그리스 신화

처음 시작하는 인문·교양 시리즈 1

처음 시작하는
그리스 신화

요시다 아쓰히코 지음 | 서수지 옮김

책

그리스 신화를 이야기하는 문학 작품 중에서 우리가 읽을 수 있는 가장 오래된 작품은 《일리아스》와 《오디세이아》라는 서사시이다. 두 작품 모두 기원전 9세기 후반 작품으로, 호메로스라는 눈먼 시인이 기록했다고 전해진다. 호메로스는 《일리아스》를 먼저, 이어서 《오디세이아》를 창작했다.

뒤를 이어 기원전 9세기 말부터 기원전 8세기 초에 헤시오도스라는 시인이 《신통기》와 《일과 날》이라는 서사시를 완성했다. 《신통기》에는 그리스 신화의 기본적 줄거리가 담겨 있다. 《일과 날》은 주로 농부에게 주는 가르침을 담고 있는데, 그중에 프로메테우스와 판도라 이야기처럼 중요한 신화 몇 편이 나온다.

그러나 이들 서사시에 기록된 이야기는 호메로스와 헤시오도스의 창작물이 아니다. 기원전 1,550년부터 기원전 1,100년 무렵에 걸쳐 그리스에는 미케네 문명이라 불리는 청동기 문명이 번성했다. 그리스 신화의 바탕이 된 이야기는 이 시기에 만들어졌다. 그 이야기가 대를 거쳐 입에서 입으로 전해지며 기원전 9세기가 되어서야 겨우 문자를 이용해 서사시의 형태로 기록되었다고 추정된다.

호메로스와 헤시오도스가 남긴 서사시는 그리스 신화라 일컬어지는 문학 작품 중에서 특히 중요하게 여겨지지만 그리스 신화의 모든 이야기를 담고 있지는 않다. 그리스 신화를 근간으로 한 문학 작품은 이후 수없이 등장하는데, 특히 기원전 5세기 아테네에서 창작된 비극에 높은 값어치를 매긴다.

그중에서도 3대 비극 시인으로 꼽히는 **아이스킬로스**(Aeschylus), **소포클레스**(Sophocles), **에우리피데스**(Euripides)는 서로 경쟁하듯 독자적인 개성과 노력을 더해 그리스 신화를 걸작의 반열에 올려놓았다. 그들 덕분에 그리스 신화의 대부분의 얼개가 오늘날까지 전해지는 형태로 남을 수 있었다.

그리스 신화의 존재가 고대 로마제국에 알려지자 로마인은 자신들이 믿던 유피테르, 유노, 미네르바 등의 신들을 그리스 신화에 나오는 제우스, 헤라, 아테나 등의 신들과 동일시하게 된다. 따라서 그리스 문학에 나오는 신화는 그대로 로마에서 신앙의 대상이 되었던 신들을 이야기한다고 본다. 또한 로마에서 만들어진 라틴어 문학 작품에서 그리스 신화에 나오는 신들의 이름을 라틴어로 불렀고, 그리스 신화의 뼈대를 그대로 가져와 라틴어 이야기로 풀어냈다.

그리스 신화를 바탕으로 만들어진 라틴 문학 작품 중에서 기원전 1세기부터 다음 세기에 걸쳐 활약했던 오비디우스라는 시인의 작품이 특히 유명하다. 오비디우스는 《변신 이야기》라는 작품 덕분에 더욱 특별해졌다. 열다섯 권으로 이루어진 《변신 이야기》는 그리스 신화를 라틴어 시로 풀어냈는데, 이 작품은 라틴어로 기록된 그리스 신화의 정수로 여겨진다.

유럽과 미국에서는 오랫동안 이 《변신 이야기》에 담긴 이야기 구조를 그리스 신화의 표준으로 삼았다. 그리스 신화는 서구인들에게 '우리의 신화'로 사랑받으며 오늘날에 이르렀다. 서구 문학과 미술 작품 중 그리스 신화에 영향을 받은 것들은 이루 헤아릴 수 없이 많다. 즉, 기나긴 세월에 걸쳐 그리스 신화는 서구인들의 피와 살이 되어왔다. 그들을 이해하는 지름길은 그리스 신화를 아는 것으로, 그리스 신화는 서구 문화를 이해하는 필수 요소인 셈이다.

우리가 그리스 신화를 알아야 하는 데는 또 한 가지 이유가 있다. **과학의 눈과 다른 눈으로 세계를 다시 볼 수 있는 관점을** 그리스 신화가 제공해주기 때문이다.

현재 우리는 과학과 기술의 발달로 온갖 혜택을 누리고 있다. 그러나 이 쾌적한 생활의 대가로 자연을 파괴하며 새로운 위기에 직면하고 있다. 또 과학의 발전이 모든 것을 충족시켜 주지 않는다는 사실도 더불어 깨닫고 있다.

그리스 신화에는 과학만으로는 절대 설명할 길이 없는 자연현상과 힘이 있다는 묘사가 빈번하게 등장한다. 자연의 신성함을 깨닫고 존중하는 마음을 되찾기 위해서라도 우리는 그리스 신화를 알아야 한다.

부디 이 책이 여러분이 그리스 신화에서 지혜를 얻는 데 보탬이 되기를 바란다.

요시다 아쓰히코(吉田敦彦)

제1장. 제우스와 올림포스의 신들

올림포스에서 세상을 지배하는 제우스 · 20 | 두 형제 신들과 질투심 많은 왕비 · 24 | 추남에 불구인 기술의 신 헤파이스토스 · 28 | 미와 사랑의 여신 아프로디테의 간통 · 31 | 도둑질과 거짓말의 신 헤르메스의 탄생 · 35 | 머리에 피도 안 마른 갓난쟁이가 보여준 도둑으로서의 자질 · 37 | 제우스마저 흡족하게 여긴 헤르메스의 천재성 · 40 | 모든 신들을 즐겁게 만든 유쾌한 아이 판 · 42 | 아폴론과 아르테미스를 낳은 레토 · 45 | 신탁을 내리는 빛의 신의 출현 · 49 | 제우스의 뜻을 인간에게 전하는 아폴론 · 53 | 애매모호한 언어로 내려진 신탁 · 57 | 델포이에 걸린 '너 자신을 알라' · 60 | 연인에게 배신당한 아폴론과 의술의 신 아스클레피오스 · 62 | 남자에게 안기느니 차라리 월계수가 되기를 선택한 님프 · 65 | 슬픈 결말로 끝난 아폴론의 동성애 · 68 | 죽음을 부르는 화살을 쏘는 처녀 신 아르테미스 · 71 | 제우스에게 삼켜진 지혜의 화신 메티스 · 74 | 영웅들을 돕는 전쟁의 여신 아테나 · 77 | 직물의 여신과 솜씨를 겨룬 아라크네의 종말 · 81 | 마음 가는 대로 여신들에게 집적거린 제우스 · 84 | 딸을 저승에 빼앗긴 농업

제2장. 제우스의 왕권 확립

제3장. 열두 신 이후에 덧붙여진 신, 디오니소스

제4장. 열두 신 이후에 덧붙여진 신, 헤라클레스

제5장. 인간의 시작과 영웅들의 종족

제6장. 페르세우스와 카드모스

제7장. 스핑크스의 수수께끼와 오이디푸스

제8장. 트로이 전쟁

■ 그리스 신화의 무대

트라키아

마케도니아

할키디키

타소스

사모트라케

피에리아

▲ 올림포스 산

이다 산 ▲

테살리아

렘노스

헬레스폰토스 해협
(현재의 다르다넬스 해협)

트로이

미시

케르키라

에

페르가

에페이로스

도도나

아
이
오
니
아
해

아이톨리아

파르나소스 산 ▲

게

해

레스보스

리디

이타카

델포이 •

보이오티아

• 테베

에
우
로
타
스
강
(
에
비
아
)

키오스

피로스

스미르나

아카이아

미케네 •

• 아테네

아티카

안드로스

에페소

사모스

이카리아

프리에네

밀레토스

엘리스

올림피아 •

아르카디아

델로스

할리카르나스

메세네

피로스 •

스파르타

라코니아

파로스

낙소스

코스

아모르고스

멜로스

니시로스

티라

카메이

키티라

카르파토스

이다 산 ▲

• 크노소스

하기아 트리아다 •

• 파이스토스

▲ 딕테 산

크레타

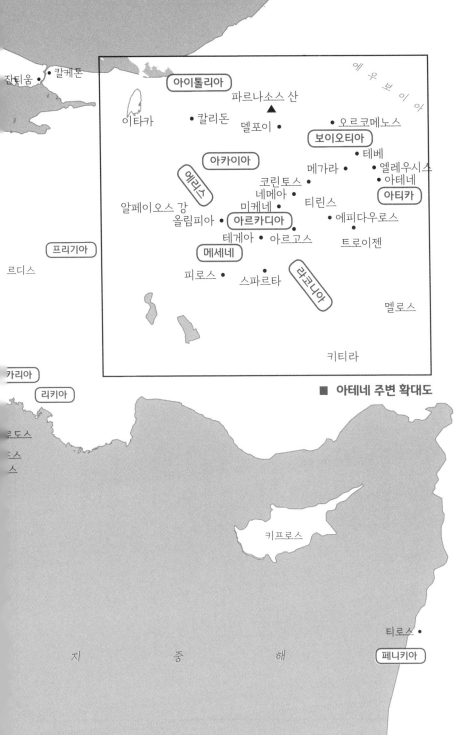

잔티움 • 칼케톤

아이톨리아

파르나소스 산 ▲

이타카 • 칼리돈 델포이 • • 오르코메노스

보이오티아

아카이아 • 테베

메가라 • • 엘레우시스

엘리스 코린토스 • • 아테네

네메아 • 아티카

알페이오스 강 미케네 • 티린스

올림피아 • 아르카디아 • 에피다우로스

테게아 • 아르고스 트로이젠

프리기아 메세네

르디스 피로스 • 스파르타 라코니아

멜로스

키티라

카리아 **■ 아테네 주변 확대도**

리키아

르도스

스

스

키프로스

지 중 해 티로스 •

페니키아

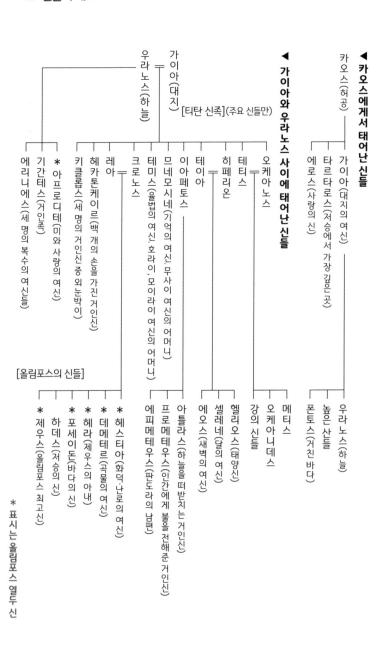

■ 신들의 계보

▼ 카오스에게서 태어난 신들

카오스(허공)
- 가이아(대지의 여신)
- 타르타로스(저승에서 가장 깊은 곳)
- 에로스(사랑의 신)

가이아(대지)
- 우라노스(하늘)
- 폰토스(거친 바다)
- 높은 산들

▼ 가이아와 우라노스 사이에 태어난 신들

[티탄 신족](주요 신들만)

가이아(대지) = 우라노스(하늘)

- 오케아노스
- 테티스
- 히페리온
- 테이아
- 이아페토스
- 므네모시네(기억의 여신.무사이 여신의 어머니)
- 테미스(율법의 여신.호라이, 모이라이 여신의 어머니)
- 크로노스 = 레아
- 헤카톤케이르(백 개의 손을 가진 거인신)
- 키클롭스(세 명의 거인신 중 외눈박이)
- * 아프로디테(미와 사랑의 여신)
- 기간테스(거인족)
- 에리니에스(세 명의 복수의 여신들)

- 메티스
- 오케아니데스
- 강의 신들
- 헬리오스(태양신)
- 셀레네(달의 여신)
- 에오스(새벽의 여신)
- 아틀라스(하늘을 떠받치는 거인신)
- 프로메테우스(인간에게 불을 전해준 거인신)
- 에피메테우스(판도라의 남편)

[올림포스의 신들]

- * 제우스(올림포스 최고신)
- 하데스(저승의 신)
- * 포세이돈(바다의 신)
- * 헤라(제우스의 아내)
- * 데메테르(곡물의 여신)
- * 헤스티아(화덕·난로의 여신)

* 표시는 올림포스 열두 신

■ 제우스의 사랑과 연애

제우스가 관계를 맺은 여신·여인들	태어난 자식
메티스(최초의 아내이자 지혜의 여신)	* 아테나(지혜와 전쟁의 여신)
* 헤라(아내)	* 헤파이스토스(기술의 신) * 아레스(전쟁의 신) 헤베(청춘의 여신) 에일레이티아(출산의 여신)
에우로페(티로스★ 왕 아게노르의 딸)	미노스(크레타 왕) 라다만티스 사르페돈
세멜레(테베 왕 카드모스의 딸)	디오니소스(포도 재배와 술의 신)
다나에(아르고스 왕 아크리시오스의 딸)	페르세우스(메두사를 무찌른 영웅)
안티오페(테베 섭정 닉테우스의 딸)	암피온(니오베의 남편) 제토스
레다(스파르타 왕 틴다레오스의 아내)	헬레네(그리스 최고 미녀, 트로이 전쟁의 원인) 클리타임네스트라(아가멤논의 아내) 폴리데우케스(권투가 특기였던 영웅) 카스토르(승마가 특기였던 영웅)
이오(아르고스 여신 헤라를 모시던 여신관)	에파포스(이집트 왕)
레토(티탄 신족 코이오스와 포이베의 딸)	* 아폴론(예언과 활의 신) * 아르테미스(사냥의 여신)
* 데메테르(곡물의 여신)	페르세포네(저승의 지배자 하데스의 왕비)
마이아(티탄 신족 아틀라스의 딸)	* 헤르메스(신들의 사자)
테미스(율법의 여신)	호라이(계절의 세 여신) 모이라이(운명의 세 여신)
에우리노메(오케아노스의 딸)	카리테스(미와 우아함의 여신)
므네모시네	무사이(예술과 학문을 수호하는 아홉 여신)
알크메네(미케네 왕 엘렉트리온의 딸)	헤라클레스(그리스 최고 영웅)

* 표시는 올림포스 열두 신   ★ 페니키아를 가리킴. 오늘날 레바논으로, 그리스인들은 티로스라 불렀다.

제우스(Zeus) : 천공의 지배자, 신들의 왕. 티탄 신족과 싸워 패권을 장악한 올림포스 신족의 우두머리. 무적의 힘을 지녔다는 천둥 번개가 무기.

헤라(Hera) : 여성의 결혼 · 출산 · 가정생활을 수호하는 여신. 제우스의 아내로 질투가 심하다.

포세이돈(Poseidon) : 바다의 신. 에게 해(Aegean Sea) 밑에 있는 궁전에 살며, 앞이 세 갈래로 갈라진 창을 무기로 활용.

데메테르(Demeter) : 농업의 여신. 대지를 지키고 곡물의 풍요로운 결실을 관장한다. 제우스와 관계를 맺고 '저승의 여왕' 페르세포네를 낳는다.

헤스티아(Hestia) : '화덕'의 여신. 가정의 난로를 수호하는 처녀 여신.

아테나(Athena) : 지혜와 전쟁의 여신. 제우스의 머리에서 온몸에 황금 갑옷을 두른 채 태어났다. 베 짜는 솜씨가 좋아 예술과 기술을 수호하는 여신.

아폴론(Apollon) : 빛과 예언의 신. 신탁의 주인으로 제우스의 의지를 인간에게 전한다. 활과 음악의 신이기도 하다.

아르테미스(Artemis) : 사냥과 순결의 여신. 금으로 된 활과 하프를 들고 다닌다. 아폴론의 쌍둥이 누이.

아레스(Ares) : 전쟁의 신. 모든 전투를 사랑하고 전장에서 살육과 유혈이 낭자하는 상황을 연출하는 재주가 있다.

헤파이스토스(Hephaestos) **:** 기술의 신. 어떤 물건이든 자유자재로 만들어낼 수 있다. 신들의 여왕 헤라가 혼자 낳은 신. 절름발이에 추남.

헤르메스(Hermes) **:** 상업과 도둑의 신. 목축을 관장하는 신. 신들의 전령. 나그네들의 보호자이기도 하며 사자의 영혼을 저승길로 안내하는 길라잡이 역할도 한다.

아프로디테(Aphrodite) **:** 미와 사랑의 여신. 기술의 신 헤파이스토스와 결혼하며, 전쟁의 신 아레스와 애정 행각을 벌이기도 한다.

제우스와
올림포스의 신들

올림포스에서 세상을
지배하는 제우스

고대 그리스인들은 자신들의 신화에 나오는 주요 신들을 '올림포스에 사는 신들' 또는 '올림포스의 신들'이라 불렀다. 올림포스(Olympus)는 그리스에서 가장 높은 산 이름으로, 해발고도가 약 3천 미터에 이른다. 그리스인들은 이 산에 천상의 세계가 펼쳐져 있고 올림포스의 신들이 산 위에 있는 화려한 신전에서 산다고 믿었다. **제우스**(Zeus)는 산꼭대기 한복판에 자리한 가장 호화로운 왕궁에서 세상을 굽어보며 다스렸다.

제우스는 티탄(Titan)족의 왕 **크로노스**라는 신과 그의 아내 **레아**의 막내아들로 태어났다. 크로노스는 '레아가 낳은 자신의 아이에게 멸망당할 운명에 있다'는 예언을 듣고 그 예언이 이루어질까 밤잠을 이루지 못하며 전전긍긍했다. 자식이 일으킬 하극상이 두려웠던 크로노스는 결국 레아가 이전에 낳은 세 명의 딸과 두 명의 아들이 태어나자마자 통째로 집어삼켜 버렸다.

하지만 레아는 태중의 아기를 지키고 싶었다. 그래서 제우스가 배 속에 들어섰다는 사실을 알자마자 어머니 **가이아**(대지의 여신)와 머리를 맞대고 의논했다. 가이아는 레아에게 지혜를 빌려주었고, 레아는 어머니가 시키는 대로 한밤중에 몰래 크레타 섬으로 가서 제우스를 낳아 가이아에게 맡겼다.

그리고 그날 밤 아기 대신 커다란 돌멩이를 강보에 싸서 아기 대신 소중히 품에 끌어안고 돌아왔다. 그 모습을 본 크로노스는 그 돌멩이가 갓 낳은 자신의 자식이라고 믿고 돌멩이를 빼앗아 꿀꺽 삼켜버렸다.

한편, 레아에게 어린 제우스를 부탁받은 가이아는 아기를 크레타 섬의 바위굴에 숨기고, 땅의 님프들에게 키우게 했다. 님프란 나무와 산, 샘 등에 사는 아리따운 여성의 모습을 한 정령들이다.

제우스는 아말테이아라는 염소의 젖과 벌꿀을 먹고 무럭무럭 자라났지만 가이아는 아직 마음을 놓을 수 없었다. 신중을 기하기 위해 가이아는 쿠레테스라는 젊은 정령들에게 제우스를 지키라고 명령했다. 쿠레테스들은 창으로 방패를 두드려 요란한 소리를 내며

프란시스코 데 고야 〈자식을 잡아먹는 사투르누스〉 프라도 미술관 소장(스페인)

제우스 주위에서 쉴 새 없이 춤을 추어 아기의 울음소리가 들리지 않게 교란 작전을 펼쳤다. 스물네 시간 헌신적으로 보살핀 쿠레테스들 덕분에 제우스는 아버지 크로노스에게 들키지 않고 무사할 수 있었다.

두 형제 신들과
질투심 많은 왕비

성장한 제우스는 할머니 가이아의 가르침에 따라 **메티스**라는 지혜의 여신에게 도움을 청한다. 제우스는 메티스가 가르쳐준 대로 아버지 크로노스를 속여 구토를 유발하는 약을 먹인다.

제우스에게 속아 구토약을 삼킨 크로노스는 갑자기 욕지기가 치밀어 올랐다. 그는 제우스 대신 삼켰던 돌을 제일 먼저 토해냈다. 이어서 포세이돈과 하데스라는 제우스의 형들과 **헤라, 데메테르, 헤스티아**라는 누나들을 줄줄이 토해냈다.

제우스는 형인 **포세이돈**과 **하데스**와 손을 잡은 다음, 자신의 편으로 가담해줄 신들을 올림포스 산으로 불러 모아 크로노스를 왕으로 섬기며 세계를 지배하던 티탄들과 싸웠다. **티타노마키아** (Titanomachia, 티탄들과의 전쟁)라고 불리는 이 전쟁은 지루한 공방이 장장 10년에 걸쳐 계속되었다.

최종적으로 제우스군이 승리했다. 제우스는 크로노스와 티탄들을 타르타로스라 불리는 지하의 깊숙하고 깜깜한 곳에 가두고, 올림포스 신들의 우두머리가 되어 왕좌에 앉았다. 세상의 지배자가 된 제우스는 하데스를 저승의 왕으로, 포세이돈을 바다의 왕으로 임명했다. 그리고 하늘은 자신이 통치하고, 인간이 사는 땅은 신들에게 나누어 지배하도록 했다. 하늘의 지배자가 된 제우스는 무적의 무기인 번개와 아이기스라는 산양의 가죽으로 만든 방패를 들고 날씨를 자유자재로 변화시킬 수 있었다.

한편, 제우스의 왕궁에는 드넓은 연회장이 있었다. 제우스는 연회장에 신들을 모아 연회를 베풀어 온갖 진미를 대접하고, 마음을 어루만지는 음악과 춤 등을 선보여 신들을 즐겁게 하며 세상사를 주관했다. 참고로 이 연회에 나왔던 특별한 음식은 **암브로시아**, 음료는 **넥타르**라고 부른다. 그리스인들은 신들이 암브로시아와 넥타르를 먹고 마신 덕분에 불로불사할 수 있다고 믿었다.

제우스는 여러 여신을 아내와 연인으로 만들어 새로운 신들을 탄생시켰다. 마침내 누나인 헤라 여신을 왕비로 맞아들여 올림포스 여왕의 자리에 앉혔다. 물론 헤라와 결혼한 후에도 제우스의 바람기는 잦아들지 않았다. 제우스는 여신과 아름다운 인간 여인들을 차례로 연인으로 만들어 자식을 낳게 했다.

올림포스의 안주인 헤라는 늘 제우스의 일거수일투족에 감시의 눈을 번뜩였다. 행여나 남편이 다른 여신이나 인간 여인에게 추파

파올로 베로네제 〈악덕에 천둥을 치는 유피테르〉 루브르 미술관 소장(프랑스)

를 던질세라 언제나 도끼눈을 뜨고 경계했다. 남편의 새 애인이 아기를 낳기라도 하면 질투심 많은 헤라는 어머니와 아기를 모질게 구박했다.

헤라는 결혼과 아내의 지위를 지키는 수호신인지라 가정의 안녕을 위협하는 행위를 용납하지 않았고, 안주인 자리를 위협하는 외간 여자들에게는 전투적일 정도로 질투심을 불태웠다. 당연히 정조 관념도 투철해 제우스 이외의 다른 남성과는 절대 관계를 갖지 않으려 했다.

추남에 불구인 기술의 신
헤파이스토스

제우스의 궁전에서 열린 연회에 모인 올림포스 신들은 하나같이 빼어난 미남, 미녀였다. 그런데 선남선녀들 사이에서 유난히 눈에 띄는 한 추남이 있었다. 못생긴 데다 다리까지 불구라 절뚝거리며 걷는 못난이 절름발이 신이었다. 올림포스 연회의 유일한 추남, 그는 바로 **헤파이스토스**(Hephaestos)라는 기술의 신이다.

헤파이스토스는 헤라가 제우스와 부부관계를 맺지 않고 혼자 힘으로 낳은 자식이다. 제우스는 헤라와 결혼한 후에도 **아테나**라는 걸출한 여신을 자신의 머리에서 탄생시켰다. 헤라는 그 광경을 보고 분한 마음에 발까지 동동 굴러가며 억울해했다.

"남편이라는 작자가 제 아내의 배를 빌리지 않고 자식을 낳았겠다. 좋아, 나도 남편의 씨를 받지 않고 훌륭한 자식을 낳아서 본때를 보여주겠어."

이를 갈며 복수를 다짐한 헤라는 결국 혼자 힘으로 아들을 낳았다. 그런데 태어난 아기는 추남인 데다 다리가 기형적으로 구부러져 있었다. 헤라는 추한 아기를 낳았다는 사실이 다른 신들에게 알려져 비웃음거리가 될까 속으로 끙끙 앓다, 결국 아기를 하계로 내동댕이치고 말았다.

고대 그리스인은 원반 모양으로 생긴 대지 주위를 감싸고 오케아노스(Oceanus)라는 거대한 강이 흐른다고 믿었다. 헤파이스토스는 운 좋게 이 강에 떨어져 **테티스**와 **에우리노메**라는 아리따운 두 물의 여신에게 구해졌다. 여신들은 아기가 아홉 살이 될 때까지 바다 속 깊은 동굴 속에서 돌보았다.

헤파이스토스는 그동안 무엇이든 만들어낼 수 있는 신통한 기술력을 익혔다. 그리고 헤라가 자신의 치부를 감추기 위해 못난 아들을 무자비하게 처치하려 벼르고 있다는 사실을 알고, 자리에 앉으면 눈에 보이지 않는 사슬이 꽁꽁 옭아매는 황금 옥좌를 만들어 헤라에게 보냈다.

황금 옥좌는 신들의 여왕에게 어울리는 훌륭한 모양새였기에 헤라는 기꺼이 그 의자에 앉았다. 그런데 헤라가 의자에 앉자마자 투명한 사슬이 온몸을 파고들며 헤라를 꽁꽁 묶어버려 꼼짝도 할 수 없게 되었다.

헤라의 비명을 듣고 한달음에 달려온 신들이 젖 먹던 힘까지 짜내 사슬을 풀어내려 했지만 사슬은 꿈쩍도 하지 않았다. 헤파이스토스는 오직 자신만이 의자에 설치한 장치를 풀 수 있도록 설계했기에 신들의 힘과 지혜를 합쳐도 사슬을 풀 수 없었다.

의자에 묶여 옴짝달싹할 수 없게 된 헤라를 보다 못한 신들은 어쩔 수 없이 헤파이스토스를 올림포스로 불러 헤라를 풀어주라고 부탁했다. 헤파이스토스는 못 이기는 척 헤라를 의자에서 풀어주었고, 덕분에 추남에 절름발이인 헤파이스토스는 기술의 신으로 올림포스에 당당히 입성해 신들의 일원이 될 수 있었다.

미와 사랑의 여신
아프로디테의 간통

헤라를 옥좌에서 풀어준 보답으로 제우스는 헤파이스토스에게 미와 사랑의 여신 **아프로디테**(Aphrodite)를 아내로 삼으라며 하사했다.

아프로디테의 매력은 신과 인간을 가리지 않았다. 남자라면 누구나 아프로디테를 보면 눈을 떼지 못하고 바로 사랑에 빠졌다. 아프로디테는 말 그대로 정신을 쏙 빼놓을 정도로 매력이 철철 흘러넘치는 미의 화신이었다. 아프로디테가 바다에 뜬 거품에서 태어나 신들의 일원이 된 후로 수많은 신들이 그녀를 손에 넣기 위해 밤잠을 이루지 못하고 가슴앓이를 했다.

내로라하는 신들의 마음을 쥐락펴락하는 천하의 아프로디테가 추남에 불구인 헤파이스토스의 아내가 되자 신들은 경악했다. 세기의 미녀와 야수 부부라는 어울리지 않는 한 쌍의 결혼은 당연히 잘 풀리지 않았다. 아프로디테는 못생긴 남편의 손길이 닿으면 흡사 송충이라도 몸에 닿은 듯 기겁했다. 그렇게 남편이라면 질색하던 아프로디테는 숫제 곁을 내주지 않았고, 결국 **아레스**라는 전쟁의 신과 정분이 났다.

아레스는 전장에서 인간이 서로 죽고 죽이는 모습을 보며 즐기는 야만스럽고 잔인한 신이었지만, 여자들의 마음을 설레게 하는 남성미를 물씬 풍기는 타고난 미남이었다. 아프로디테는 남편이 집을 비울 때마다 내연 관계인 아레스를 침실로 끌어들여 밀애를 즐겼다.

둘의 부정한 행실을 보다 못한 태양신 **헬리오스**가 헤파이스토스에게 두 남녀의 애정 행각을 슬쩍 귀띔해주었다. 헬리오스는 세상에서 일어나는 일은 무엇이든 보아 훤히 알고 있는 신이었다.

아내의 부정에 몹시 화가 난 헤파이스토스는 자신의 특기인 기술을 활용해 아내와 간통한 아레스를 벌하기로 했다. 헤파이스토스는 침대에 보이지 않는 사슬을 칭칭 둘러 감았다. 침대에 눕는 이가 누구든 꽁꽁 묶여 손가락 하나 까딱할 수 없는 교묘한 장치였다. 아내의 불륜 현장을 잡을 덫을 놓은 헤파이스토스는 멀리 볼일을 보러 나가는 척하고 숨어서 몰래 지켜보았다.

아니나 다를까, 헤파이스토스가 집을 비우기 무섭게 아레스가 찾아와 아프로디테에게 수작을 걸더니 여신을 침대에 쓰러뜨렸다. 두 연인이 침대에 눕자마자 헤파이스토스가 놓은 덫에 사로잡혀

야코포 틴토레토 〈비너스와 마르스를 불시에 덮치는 불카누스〉 알테 피나코텍 소장(독일)

꼼짝도 할 수 없게 되었다.

덫에 걸린 모습을 지켜보던 헤파이스토스는 잽싸게 침실로 쳐들어가 큰소리로 신들을 불러 모았다. 그는 민망한 모습으로 부둥켜안은 자신의 아내와 부정한 연인의 추태를 신들에게 보여주며 울분을 토했다.

그 모습을 본 빛과 신탁의 신 **아폴론**(Apollon)은 **헤르메스**(Hermes)라는 신에게 물었다.

"너는 저렇게 몹쓸 꼴을 당하는 걸 보고도 아프로디테와 자고 싶은가?"

"만약 아프로디테와 사랑을 나눌 수 있다면, 이보다 더한 망신을 당해도 상관없습니다."

재치 넘치는 헤르메스는 너스레를 떨어 다른 신들을 웃게 만들었다.

도둑질과 거짓말의 신
헤르메스의 탄생

헤르메스는 다른 신들이 차마 입 밖에 내지 못하는 말을 속이 시원할 정도로 대담하게 대신해주었다. 입담 좋은 이 신은 다른 이들이 차마 말하지 못하는 속마음을 당당하고 솔직하게 말하는 재주를 타고났다.

애초에 헤르메스에게는 신이라고는 생각할 수 없을 정도로 뻔뻔하고 능글맞은 구석이 있었다. 그래서 다른 신들이 체면치레를 하느라 조심조심 숨기는 진실을 아무렇지도 않게 밝히거나, 얄미울 정도로 능청스럽게 시치미를 뚝 떼고 거짓말을 일삼았다. 게다가 눈 뜨고도 코 베어가는 기지를 발휘해 남의 것을 슬쩍 훔쳐내는 '도둑질'이 특기인 말썽쟁이 신이었다. 헤르메스라는 악동을 원했던 이는 사실 제우스였다.

제우스는 뜻을 이루기 위해 아내인 헤라가 잠자는 틈에 도둑 걸음으로 살금살금 침실에서 빠져나와 그리스 중앙부에 있는 아르카디아 지방의 킬레네(Cyllene) 산속 바위동굴로 갔다. 그리고 동굴에 살던 마이아라는 여신과 동침했다.

그로부터 열 달 뒤 **마이아**는 출산을 했고, 헤르메스가 태어났다. 헤르메스는 제우스가 바라던 대로 슬기로운 지혜를 타고났고, 도둑질을 좋아하는 거짓말쟁이였다. 헤르메스는 어머니 마이아의 배 속에서 나온 바로 그날부터 재능을 뽐내 신들의 뒤통수를 쳤고, 아버지 제우스는 아들의 재능에 몹시 만족했다.

헤르메스는 태어나자마자 요람에서 빠져나와 바위굴 밖으로 나갔다. 동굴 밖에서는 거북이 한 마리가 엉금엉금 기어 다니고 있었다. 헤르메스는 거북이를 잡아 동굴로 돌아왔고, 등딱지를 떼어 낸 다음 양의 장을 일곱 가닥으로 펴서 현이 일곱 줄인 **리라**를 뚝딱 만들어냈다. 악기가 완성되자 헤르메스는 리라를 타며 아름다운 음악을 연주했다. 그는 리라 반주에 맞추어 제우스가 어떻게 마이아를 사랑했고, 세상에 둘도 없이 영리한 자신 같은 아이를 낳았는지를 즉흥적으로 노래했다. 헤르메스는 입으로는 노래를 부르고 손으로는 리라를 타면서도 생각을 멈추지 않았다. 일생일대이자 최초의 도둑질 계획을 세우는 중이라 머릿속이 분주했다.

노래를 마치자 헤르메스는 리라를 요람 안에 숨겨두고 다시 동굴 밖으로 나갔다. 그리고 동굴에서 북쪽에 있는 올림포스 산기슭의 피에리아라는 곳까지 발길을 재촉했다.

머리에 피도 안 마른 갓난쟁이가 보여준
도둑으로서의 자질

    헤르메스가 피에리아에 도착했을 때는 깜깜한 한밤중으로 도둑질을 하기에 최적의 시간이었다. 피에리아에는 헤르메스의 이복형인 아폴론이 소 떼를 놓아기르는 널따란 외양간과 목장이 있었다. 헤르메스는 밤의 어둠을 틈타 소 떼 중에서 암소 쉰 마리를 훔쳐냈다.

    헤르메스는 암소를 훔칠 때도 천재적인 기지를 발휘했다. 그는 훔친 소의 고삐를 쥐고 뒷걸음질을 쳐서 목장 밖으로 나오게 이끌었다. 발자국만 보면 소가 목장으로 들어간 흔적만 보이게 수를 써서 추격자들을 따돌리려는 앙큼한 계략이었다. 한술 더 떠 자기 발자국을 숨기기 위해 나뭇가지를 엮어 만든 기묘한 신발을 신고 경중경중 걸어 다녔다.

소를 훔친 헤르메스는 소 떼를 필로스(Pylos)까지 끌고 갔다. 그리고 두 마리만 죽여 올림포스 신들에게 제물로 바치고, 나머지 소를 필로스에 있던 외양간에 숨겼다.

잡은 소를 요리하기 위해 헤르메스는 **불**이 필요했다. 헤르메스는 절묘한 솜씨로 불을 피웠다. 월계수 나뭇가지를 널빤지 위에 놓고 톱질을 하듯 재빠르게 회전시켜 불씨를 만들어냈다. 나무를 마찰시켜 불을 만드는 방법은 이때 헤르메스가 발명했다고 전해진다.

갓난아기의 몸으로 위업을 이룬 헤르메스는 새벽이 되기 전에 킬레네 산으로 돌아갔다. 그리고 동굴로 살금살금 숨어 들어가 요람에 누워서는 세상모르고 새근새근 잠든 순진한 아기의 표정으로 잠자는 시늉을 했다.

동이 트자 줄어든 소 떼를 발견한 아폴론은 머리끝까지 화가 나 길길이 날뛰었다. 아폴론은 숨겨진 진실을 꿰뚫어 보는 능력을 가진 예언의 신이었던지라, 소를 훔쳐 간 도둑이 갓 태어난 자신의 이복동생임을 간파했다.

아폴론은 서슬 퍼런 목소리로 훔쳐 간 소를 되돌려달라고 요구했다. 그러자 헤르메스는 그 누구도 속일 수 없다는 아폴론 앞에서 태연하게 거짓말을 늘어놓았다.

"저는 보시다시피 머리에 피도 안 마른 갓난쟁이라, 강보에 싸여 엄마 젖을 빨며 잠자고 있었을 뿐입니다. 다 큰 어른도 다루기 버거운 소를 훔치다니요. 이 포동포동하고 젖비린내 나는 다리로는 걸음마를 할 엄두조차 나지 않습니다."

아폴론은 능청스럽게 거짓말을 늘어놓는 헤르메스를 요람에서 끌어내 멱살까지 잡고 윽박질렀다.

"이 뻔뻔한 녀석! 소를 숨겨놓은 곳까지 바로 안내하지 않으면 지옥에서도 제일 밑바닥인 타르타로스에 처박아주겠다!"

헤르메스는 유들거리며 발뺌을 했다.

"훔치지도 않은 소를 어찌 돌려드린단 말입니까? 아버지 제우스에게 심판해 달라고 부탁드려 봅시다."

헤르메스는 머리끝까지 화가 난 아폴론 앞에서도 모르쇠로 일관했다. 아폴론의 으름장에도 눈 하나 깜빡하지 않은 헤르메스는 구렁이 담 넘어가듯 진실을 피하며 끝까지 제 할 말을 했다. 할 말을 마친 헤르메스는 걸음마도 못한다던 말은 안중에도 없는지 성큼성큼 올림포스 산을 향해 앞장서서 걷기 시작했다.

제우스마저 흡족하게 여긴
헤르메스의 천재성

아폴론은 어처구니가 없었지만 하는 수 없이 헤르메스의 뒤를 따라나섰다. 올림포스에서는 마침 신들의 연회가 열리던 참이었다. 헤르메스를 본 제우스는 한눈에 마이아가 낳은 자신의 아들임을 알아보았다. 영리하다 못해 교활하기까지 한 표정을 보고 자신이 바라던 재능과 성질을 타고났다는 생각에 매우 만족스러웠다. 제우스는 신들에게 위엄을 갖추고 말했다.

"모두 아폴론이 데려온 자를 보라. 아직 머리에 피도 안 마른 애송이지만 오늘부터 우리의 동료가 되어 중요한 **사명을 전하는 역할**을 하게 될 신이다."

헤르메스는 제우스 앞에서도 천연덕스럽게 거짓말을 늘어놓았다.

"저는 진실만을 말하는 자로 거짓말은 하는 방법조차 모릅니다. 거짓말을 하면 입에 가시가 돋는 체질이랄까요."

그 누구도 속일 수 없는 제우스 앞에서도 헤르메스는 깜찍하게 거짓을 고했다.

"저는 소를 훔친 기억이 없습니다."

너무나 능청스러운 거짓말에 제우스는 더욱 흡족했다. 아들이 보여준 기대 이상의 재능에 몹시 만족한 제우스는 급기야 입이 귀에 걸리도록 너털웃음을 터트리더니 헤르메스에게 명했다.

"네가 꾀바른 녀석이라는 걸 잘 알겠다. 이제 그만 장난을 멈추고 아폴론의 소를 원래 있던 곳으로 데려다 주거라."

헤르메스는 아버지의 지엄하신 분부에 따라 아폴론을 필로스로 데려가 소 떼를 외양간에서 꺼내 돌려주었다.

헤르메스가 갓난아기의 몸으로 소를 두 마리나 잡아 요리했다는 걸 알게 된 아폴론도 깜짝 놀라 혀를 내둘렀다.

"너는 정말로 얕볼 수 없는 무서운 녀석이구나."

하룻강아지의 배짱에 놀란 아폴론은 어이가 없다는 듯 중얼거렸다. 헤르메스는 아직 분이 풀리지 않은 아폴론을 달래기 위해 리라를 꺼내 노래를 연주하며 반주에 맞추어 즉석에서 시를 읊었다. 아폴론은 그 재주에 감탄하며 내심 리라를 탐냈다. 눈치 빠른 헤르메스는 잽싸게 아폴론에게 리라를 바쳤고, 답례로 조금 전에 돌려준 소 떼와 소몰이 채찍을 아폴론에게 받았다. 이후 헤르메스는 음악은 아폴론에게 맡기고 자신은 목축을 관장하는 신이 되었다.

모든 신들을 즐겁게 만든
유쾌한 아이 판

아폴론은 헤르메스에게 받은 리라가 무척이나 마음에 들었다. 그러나 한편으로는 헤르메스가 또다시 타고난 도둑으로서의 재능을 유감없이 발휘할까 한시도 마음을 놓을 수 없었다. 헤르메스에게 선물로 받은 리라뿐 아니라 자신이 아끼는 보물 활과 화살까지 훔쳐 가지는 않을까 걱정하느라 속이 바짝 타 들어갔다.

반면 정작 헤르메스는 더 이상 이복형의 물건을 훔칠 생각이 없었기에 땅속 깊은 곳에 있는 죽은 자들의 나라에 흐르는 **스틱스** 샘에 자신의 이름을 걸고 맹세했다.

"저는 앞으로 아폴론의 것은 그 무엇이든 훔치지 않겠나이다."

스틱스 샘에 맹세하면 제아무리 날고 기는 거짓말쟁이인 헤르메스라도 맹세를 깰 수 없다는 사실을 잘 아는 아폴론은 그제야 마음을 놓았다.

"앞으로 헤르메스를 둘도 없는 벗으로 아끼고 사랑하겠노라."

아폴론은 보답으로 황금으로 만든 마법의 지팡이를 헤르메스에게 선물하며 약속했다. 이후 헤르메스는 아폴론의 특별한 동료가 되었다.

아폴론에게 선물 받은 지팡이는 헤르메스가 언제 어디서나 지니고 다니는 '케리케이온(kerykeion)'이라는 전령의 역할을 상징하는 지팡이가 되었다. 지팡이에는 살아 있는 뱀 두 마리가 휘감겨 있고 만물을 잠재우는 힘이 깃들어 있었다. 덕분에 헤르메스는 도둑질을 할 때 지팡이의 기능을 유용하게 활용했다.

우여곡절을 거쳐 신들의 전령 역할을 맡아 올림포스 신들의 일원이 된 헤르메스는 태어나자마자 긴 여행을 하고, 아폴론과 서로 이익이 되는 거래를 능숙하게 성사시킨 재능을 인정받아 여행자를 보호하는 상업의 신이 되었다. 인간이 죽으면 그 영혼은 지하에 있는 망자의 나라로 기나긴 여행을 떠난다. 저승길 길라잡이 역시 헤르메스가 맡은 중요한 임무 중 하나다.

한편, 헤르메스에게는 **판**(Pan)이라는 아들이 있었다. 헤르메스가 태어난 고향 킬레네 산 인근의 드리옵스(Dryops)라는 왕의 딸과 관계를 맺어 태어난 아이였다.

그런데 이 아이는 태어날 때부터 염소 뿔과 발굽이 달린 데다 길고 덥수룩한 턱수염이 나 있었다. 아기를 낳은 어머니는 갓 태어난 아기의 모습을 보고 까무러치게 놀라 비명을 지르더니 핏덩이를 버리고 걸음마 날 살려라 쏜살같이 내빼고 말았다.

반면 헤르메스는 유쾌한 아들의 탄생을 기뻐하며 강보 대신 토끼 털가죽으로 소중하게 감싸 올림포스로 데려와서는 제우스를 비롯한 신들에게 당당하게 선언했다.

"보십시오. 제 아들입니다."

신들은 별난 생김새의 아기를 보고 한바탕 웃음을 터트리며 즐거워했다. 모든 신들을 웃게 만든 덕분에 아기에게는 그리스어로 '모든 것'을 뜻하는 '판(Pan)'이라는 이름이 붙었고, 지상에 내려가 자연 속에 사는 님프들과 어울려 살게 되었다.

참고로 판에게는 인간들 사이에 **'파니콘**(panicon, 공황)**'**이라 부르는 정체를 알 수 없는 두려움(패닉, panic)을 일으키는 힘이 있다고 여겨졌다.

아폴론과 아르테미스를 낳은
레토

빛과 신탁의 신 아폴론은 **레토**(Leto)라는 여신에게서 태어난, 제우스의 아들이다. 제우스는 자신의 사촌인 레토를 연인으로 삼아 아폴론과 아르테미스라는 위대한 신이 될 쌍둥이를 잉태시켰다.

그런데 레토가 이 쌍둥이를 낳으려고 할 때 이미 제우스는 헤라와 결혼한 몸이었다. 나중에 위대한 신이 될 제우스의 자식이 왕비인 자신이 아니라 다른 여신에게서 태어나려 한다는 사실을 알게 된 헤라의 마음에 질투의 불꽃이 활활 타올랐다. 여자가 한을 품으면 오뉴월에도 서리가 내린다고, 한을 품은 헤라는 얼음장처럼 싸늘한 목소리로 명령했다.

"땅이여, 레토가 네 위에서 아이를 낳지 못하게 하여라."

올림포스의 안방마님 헤라는 레토의 출산에 훼방을 놓으려고 온 세상의 땅들에게 명령했다.

산달을 맞이한 레토는 몸을 풀 장소를 찾지 못해 애를 먹었다. 궁지에 몰린 레토는 **오르티기아**(Ortigia)라는 바다 위에 떠 있는 바위를 떠올렸다. 그 바위는 아스테리아(Asteria)라는 레토의 자매가 모습을 바꾼 암초였다.

예전에 제우스는 아스테리아에게 푹 빠져 구애한 적이 있었다. 그러나 아스테리아는 제우스를 거부했고, 메추라기로 변신해 바다로 날아들어 도망치려 했다. 일개 여신이 천하의 제우스를 거부하다니, 배알이 뒤틀린 제우스는 메추라기를 바위로 바꾸었고, 오르티기아(메추라기 바위)라 불리게 된 바위는 이후 바다를 정처 없이 떠돌게 되었다.

오르티기아는 정해진 땅이 없었기에 헤라의 명령에 따를 의무가 없었다. 게다가 헤라는 제우스의 연인이 되기를 거부했다가 비참한 운명에 처한 오르티기아를 무척이나 딱하게 여겼고 어떻게든 보살펴 주고 싶어 했다. 이런 연유로 레토는 오르티기아를 해산 장소로 선택해도 이 바위가 헤라에게 벌을 받을까 두려워할 필요가 없다고 생각했다.

레토는 바위에게 말을 걸었다.

"오르티기아여, 부디 네 위에서 아기를 낳게 해다오. 만약 내 청을 들어준다면 지금은 망망대해를 떠도는 네가, 그리스인이 사는 세상 한가운데에 자리를 잡도록 도와주겠노라. 아폴론이 탄생한 성지가 될 네 위에는 훌륭한 신전이 세워지고, 전 세계에서 수많은

레오카레스 〈베르사유의 아르테미스〉 루브르 미술관 소장(프랑스)

참배객이 몰려들겠지. 그들이 가져오는 공물 덕분에 지금은 아무 결실도 맺지 못하는 헐벗은 바위섬인 너는 누구나 부러워하는 유복한 섬이 되리라."

오르티기아는 기꺼이 언니의 청을 들어주었다.

오르티기아에는 킨투스(Cynthus)라는 야트막한 언덕이 있었는데, 그 언덕에는 종려나무 한 그루가 외로이 서 있었다. 레토는 그 나무를 산실로 정하고 나무에 매달려 몸을 풀려 했다. 그런데 아홉 날 아홉 밤이 지나도 진통만 계속될 뿐 아기는 도통 태어날 기미를 보이지 않았다.

신탁을 내리는
빛의 신의 출현

레토 여신이 아흐레 동안이나 산고를 겪으며 이를 악물고 온몸으로 아기를 몸 밖으로 밀어내려 했지만 야속하게도 아기 정수리조차 보이지 않는 데는 나름의 이유가 있었다. 바로 끈질기게 출산을 방해하는 헤라 때문이었다. 출산의 여신 **에일레이티아**(Eileithya)는 헤라의 딸 중 하나로, 헤라는 그녀를 자신의 집에 가두어 놓고 레토가 출산을 하는 곳으로 가지 못하게 막았다.

레토를 염려해 모인 여신들이 보다 못해 이리스라는 무지개의 여신을 올림포스로 보냈다. 이리스는 헤라의 눈을 피해 에일레이티아를 만나 여신들의 약속을 전했다.

"레토가 아기를 낳게 도와주면 멋진 황금 목걸이를 선물로 드린답니다."

이리스는 에일레이티아를 헤라의 거처에서 데리고 나오는 데 성공해 레토가 아기를 낳는 곳으로 데려갔다. 덕분에 레토는 아르테미스와 아폴론을 무사히 낳을 수 있었다.

먼저 태어난 아르테미스는 어머니 몸 밖으로 나오자마자 해산 바라지를 했고, 덕분에 아폴론이 무사히 태어날 수 있었다. 이후 아르테미스는 출산의 수호 여신으로 모셔지게 되었다.

아폴론은 몸과 몸에 걸친 모든 것에서 찬란한 황금빛을 내뿜는 빛의 신이다. 아폴론이 탄생하자 그때까지 초라한 암초였던 오르티기아는 순식간에 눈부신 황금빛에 감싸였다.

아폴론은 어머니가 약속한 대로 오르티기아를 고대 그리스인들이 사는 세상 한가운데인 에게 해 중심에 있는 붙박이 섬으로 만들었다. 또 섬에 빛의 신이 탄생한 성지에 걸맞은 '델로스(밝다)'라는 이름을 지어주었다.

델로스 섬 주위에 있는 수많은 섬들은 키클라데스 제도라 부른다. 키클라데스는 '주위를 둘러싼 섬들'이란 뜻으로, 델로스 섬을 마치 왕을 지키는 신하들처럼 둘러싸고 있다고 하여 붙여진 이름이다.

빛의 신으로 태어난 아폴론은 제우스의 뜻을 인간에게 전하는 중대한 임무를 부여받았다. 제우스는 아폴론이 태어나자 바로 백조들이 끄는 수레를 하사했다. 그리고 수레를 타고 델포이(Delphoe)로 가서 신탁의 주인이 되라는 분부를 내렸다.

델포이는 파르나소스 산 남쪽 기슭에 있는 신성한 장소로, 그리

레오카레스 〈베르사유의 아폴론〉 루브르 미술관 소장(프랑스)

스인들은 델포이가 대지 가이아의 배꼽이며 세상의 중심이라고 믿었다. '델포이 신탁'의 새로운 주인이 되어 영험한 계시를 전하고 갖가지 진실을 인간에게 고하는 일이 아폴론에게 맡겨진 무엇보다 중대한 임무가 되었다.

제우스의 뜻을 인간에게 전하는
아폴론

아폴론은 "델포이로 가서 신탁의 주인이 되라"는 제우스의 분부에 곧장 따르지 못했다. 제우스가 보내준 백조가 끄는 수레에 타자, 수레는 곧장 **히페르보레이오스**(Hyperboreios)라는 나라로 날아갔다. 히페르보레이오스는 '북풍 너머에 사는 사람들'이라는 뜻이다. 그리스인들은 이 세상의 북쪽 끝에 북풍의 영향을 전혀 받지 않는 낙원이 있고, 그곳에는 신들의 사랑을 받아 특별히 행복한 삶을 누리는 사람들이 산다고 믿었다. 그곳은 언제나 따스한 햇볕이 내리쬐는 밝고 온난한 곳으로 밤도 겨울도 없고, 그곳 사람들은 늙는 법 없이 원하는 만큼 오래오래 살다 편안하게 세상을 떠났다.

히페르보레이오스로 날아간 아폴론은 그곳 사람들과 즐겁게 생활하다, 딱 일 년 후에 다시 백조가 끄는 수레를 타고 그제야 델포

들라크루아 〈피톤을 물리치는 아폴론〉 루브르 미술관 소장(프랑스)

이로 향했다.

델포이에는 아폴론이 오기 전부터 신탁을 내리는 장소가 있었다. 그곳의 주인은 대지의 여신 가이아였다. 즉, 인간들은 아폴론이 오기 전까지 미래의 일을 가이아의 입을 통해 들어야 했다.

가이아는 신탁을 내리는 곳을 자신의 아들인 무시무시한 용에게 지키게 했다. 아폴론은 피톤(Python)이라는 이름의 그 용을 무찌르고 신탁을 내리는 신전의 새 주인이 되었다. 이후 인간들은 가이아의 뜻이 아닌 제우스의 뜻을 전하는 신탁으로 미래에 관한 진실을 알게 되었다.

신탁 주인의 세대교체는 세계를 위해 마땅히 일어나야 할 변화였다. 제우스가 신들의 왕이 되기 전부터 세계는 제우스의 아버지인 크로노스와 할아버지인 천공의 신 우라노스 등 남성 신들이 지배했다. 하지만 속사정을 들여다보면 실제로는 가이아의 뜻대로 움직였다. 즉, 가이아의 뜻이 곧 미래였던 셈이다.

그러다 제우스가 크로노스를 대신해 신들의 왕이 되어 세계를 지배하게 되며 판세가 완전히 달라졌다. 미래는 제우스가 결정하도록 온전히 제우스의 손에 맡겨진 것이다. 또한 제우스의 뜻을 인간에게 전하는 역할 역시 가이아가 아닌 아폴론에게 맡겨졌다.

그런데 아폴론은 알 수 없는 이유로 신탁을 애매모호한 언어로만 전달해 인간들을 더욱 혼란스럽게 만들었다.

애매모호한 언어로 내려진
신탁

아폴론의 신탁은 **피티아**(Pythia)라는 무녀(신을 섬기는 여성)의 입을 빌어 내려졌다.

무녀들은 신전 깊숙한 곳에 있는 세 개의 다리로 떠받치는 거대한 솥단지처럼 생긴 욕탕에 들어가 땅속에서 뿜어져 나오는 가스를 마시고, 신 내림을 받아 신탁을 전했다. 그런데 무녀들이 전하는 신탁은 알쏭달쏭 애매한 언어로 이루어져 도무지 이해가 가지 않는 경우가 많았다.

"델포이 신탁의 주인은 말하지 않고 감추지 않으며 암시할 뿐이다."

철학자 헤라클레이토스가 남긴 말이다. 또 아이스킬로스는《**아가멤논**(Agamemnon)》극중에서 "델포이 신탁은 그리스어로 하는 말이지만 알아들을 수 없다"고 등장인물의 입을 빌어 말하기도 했다. 이처럼 아폴론의 신탁은 진실을 고하지만 빛의 신의 이름에 걸맞은 명쾌한 언어 대신 아리송한 언어로 내려졌다.

덕분에 신탁을 받은 사람들 중에는 의미를 곡해해 행동을 그르쳐 재난을 당하거나, 아예 신세를 망치는 사람도 있었다. 그래서 아폴론에게는 '비뚤어진 사람'을 뜻하는 **록시아스**(Lochsias)'라는 별명이 붙었고, 사람들은 자칫 신의 비위를 거슬러 천벌을 받을까 행동거지를 조심했다.

아폴론의 '변덕'에 희생된 인물 중 특히 리디아의 마지막 왕이었던 크로이소스(Kroisos)가 유명하다. 리디아는 기원전 6세기 중엽에 오늘날 터키 서부에서 번영했던 나라다.

크로이소스는 리디아 동쪽에서 신흥강국으로 부상하기 시작한 페르시아 제국에 위협을 느껴, 늦기 전에 손을 써 토벌하려고 했다. 평소 아폴론 신을 섬기던 크로이소스는 페르시아 원정 여부를 자신의 신앙에 따라 델포이 신탁에 찾아가 묻고자 했다.

그런데 신앙심이 부족한 데다 의심까지 많았던 크로이소스는 신탁을 받기 전에 과연 델포이 신탁을 믿고 나라의 중대사를 결정해도 좋을지 확인하고 싶었다. 그는 노파심에 델포이 이외의 유명한 신탁에 모조리 전령을 보냈다. 그리고 전령들이 출발한 지 딱 백 일째 되는 날 "지금 리디아의 왕 크로이소스는 무엇을 하고 있는가?"를 각각의 신탁에 묻게 했다.

그날 크로이소스는 청동 냄비에 거북이와 염소 고기를 다져 넣고는 청동 뚜껑을 덮어 끓이고 있었다.

"딱딱한 등딱지를 가진 거북이 고기를 염소와 함께 부글부글 끓이는 냄새가 내 마음에 닿았도다. 아래에는 청동이 깔려 있고, 위로도 청동이 있구나."

델포이로 파견한 전령이 아폴론의 신탁을 전해왔다. 크로이소스가 신탁을 시험해보기 위해 벌인 황당한 짓거리를 완벽하게 알아맞혔다.

아폴론의 영험함과 신통력을 직접 확인하고 나서야 신탁을 절대적으로 신뢰하게 된 크로이소스는 페르시아 원정 여부를 아폴론에게 물었다.

"페르시아와 전쟁을 벌이면 대제국이 멸망한다."

델포이 신탁은 이번에도 답을 내려주었다.

크로이소스는 아폴론이 페르시아와의 전쟁에 승리를 약속해주었다고 철석같이 믿고 전쟁을 선포했지만, 비참하게 패배해 페르시아 왕의 포로가 되고 말았다. 하지만 신탁은 크로이소스를 속이지 않았다. 전쟁을 벌인 결과, 그는 대제국이었던 리디아를 멸망시켰기 때문이다. 신탁은 전쟁의 결과를 경고했을 따름이다.

신탁을 시험하려 했던 불경하고 오만한 생각 탓에 크로이소스는 신의 뜻을 곡해했고, 신의 경고를 알아차리지 못해 졸지에 왕에서 포로로 신분이 수직 추락하며 신세를 완전히 망치고 말았다.

델포이에 걸린
'너 자신을 알라'

　델포이에 있던 아폴론 신전 입구에는 신전을 찾는 참배객들에게 경종을 울리듯 '격언'이라 불렸던 짧은 교훈을 담은 문구가 새겨져 있었다. 그중에서 특히 "**너 자신을 알라**(gnothi seauton)"라는 격언이 세간에 널리 알려져 있다. 이 문구는 "**무엇이든 지나치게 하지 말라**(meden agan)", "**약속과 파멸은 종이 한 장 차이**(engua para d'atē)"라는 다른 격언과 함께 곱씹어 보면 전하고자 하는 교훈을 한층 분명하게 이해할 수 있다.

　"약속과 파멸은 종이 한 장 차이"라는 격언은 "인간에게는 미래를 알 수 있는 힘이 없다는 걸 망각하고 함부로 미래를 약속하면 약속을 지키지 못하고 신세를 망친다"는 교훈을 담고 있다. 또 "무엇이든 지나치게 하지 말라"는 말은 "우쭐해져 분수를 잊고 경거

망동하지 말라"는 가르침을 전한다. 이 두 문구와 합쳐서 생각하면 "너 자신을 알라"는 유명한 격언이 우리에게 전하고자 했던 진실을 어렴풋이나마 짐작할 수 있다. 델포이에 격언을 새긴 이들은 "너희는 한낱 인간일 뿐, 신이 아님을 잊지 말라"는 엄중한 진리를 신의 목소리로 전하고 싶었던 게 아닐까.

그리스인들은 그들이 코스모스라 부르는 세계의 질서가 사물이나 물질이 마구 뒤섞이지 않고, 각자 확실하게 구별되어 있어야 성립한다고 믿었다. 아폴론은 그 질서 유지에 그 어느 신보다 엄격했다. 그는 특히 인간이 오만해져 신과의 차이를 잊고 함부로 행동하는 것을 무엇보다 마뜩잖게 여겼다. 아폴론의 **활과 화살**도 인간과 신 사이에 벌어진 크나큰 격차를 깨우쳐주는 역할을 한다. 아폴론은 벌을 받아야 하는 인간이 있으면 멀리서 보이지 않는 화살을 쏜다. 화살을 맞은 사람은 급사한다. 또한 아폴론이 다수의 인간을 벌하려고 할 때는 수많은 화살을 동시에 쏘는데, 그리스인들은 그 화살을 맞으면 질병에 걸린다고 믿었다. 이처럼 아폴론은 어디에서 오는지도 모를 정도로 멀리서 불길한 재앙의 화살을 쏘아 죽음과 역병을 일으켰고, 그로써 인간들에게 신들과의 현격한 거리를 일깨워주고자 했다. 미래에 대한 예언도 마찬가지다. 아폴론의 신탁은 오로지 진실만을 말한다고 알려져 있다. 인간이 그 뜻을 헤아리지 못할 정도로 애매한 언어로 전해준 것도 그래서였다. 만물의 영장이라고 일컬어지는 우리 인간의 지혜가 얼마나 하찮은지, 델포이 신탁은 인간이 가진 지혜의 한계를 가르쳐주려 했던 것이다.

연인에게 배신당한 아폴론과
의술의 신 아스클레피오스

멀리서 화살을 쏘아 죽음과 질병을 일으킨 아폴론은 정반대의 힘도 가지고 있었다. 아폴론은 어떤 병이라도 치료할 수 있는 의술의 신이기도 하다. 그럼에도 인간 개개인의 질병을 고쳐주고 돌보는 임무는 **아스클레피오스**(Asclepius)라는 자신의 아들에게 맡겨두었다. 대신 아폴론은 인간이 사는 도시를 도시의 질병이라고 할 수있는 재앙에서 구제하는 임무를 수행했다.

아스클레피오스의 어머니는 **코로니스**(Koronis)라는 절세 미녀였다. 코로니스는 테살리아(Thessalia) 지방 라리사의 국왕 플레기아스(Phlegyas)의 딸로 태어났다. 그녀는 아폴론에게 사랑받아 아스클레피오스를 잉태했음에도 이스키스(Ischys)라는 인간 남자와 정을 통했다.

코로니스를 지키라는 명령을 받았던 까마귀가 아폴론에게 연인의 부정을 고하자, 아폴론은 격노해 활을 쏘아 코로니스를 죽이고 말았다. 그러나 사랑하는 여인을 죽인 아폴론은 후회와 비탄에 잠겼다. 종로에서 뺨 맞고 한강에서 눈을 흘긴다고, 아폴론은 엉뚱한 곳에 화풀이를 했다. 억울하게 연인의 배신을 전한 까마귀에게 분노의 화살이 돌아갔다. 그때까지 눈처럼 새하얗던 까마귀의 깃털은 이후 볼품없이 시커먼 색으로 변하고 말았다.

까마귀에게 천벌을 내린 아폴론은 곧장 라리사로 날아가, 화장을 기다리던 코로니스의 시신에서 아직 태어나지 않았던 아스클레피오스를 끄집어냈다. 그리고 갓 태어난 자신의 아들을 테살리아의 페리온이라는 산속 깊은 곳에 있는 바위굴로 데려가, 그곳에 살던 **케이론**(Chiron)이라는 켄타우로스에게 맡겼다.

켄타우로스는 인간의 상반신 아래에 말의 몸통을 가진 괴물로 난폭하고 호색한 기질을 타고난 종족이다. 다만 케이론은 예외였다. 나이 든 현자인 케이론은 뛰어난 교육자라는 평판이 자자했다. 게다가 켄타우로스 중에 유일한 불사신이기도 했다. 케이론은 한눈에 아스클레피오스가 아버지에게서 의술의 신이 될 소질을 물려받았음을 꿰뚫어 보고 의술을 가르쳤다.

무럭무럭 자란 아스클레피오스는 불세출의 명의가 되어 죽은 사람까지 되살릴 정도로 신통한 의술을 자랑했다. 아스클레피오스의 놀라운 능력을 본 제우스는 고민에 빠졌다.

'큰일일세. 죽은 인간이 되살아나도록 내버려두면 내가 정한 세

계의 질서가 엉망진창이 되어버리겠군. 질서를 어지럽히는 불경한 짓을 당장 멈추게 해야겠어.'

제우스는 아스클레피오스에게 벼락을 내리쳐 죽였다. 하지만 가엾은 아들을 잃고 실의에 잠긴 아폴론을 위로하기 위해, 곧바로 아스클레피오스를 되살려 불사의 몸으로 만들어서는 신의 반열에 올려놓았다.

덕분에 아스클레피오스는 의술의 신이 되어 아버지 아폴론의 감독을 받으며 인간을 병마의 고통에서 구하는 임무를 계속 수행할 수 있게 되었다.

죽은 사람을 되살리는 아스클레피오스

남자에게 안기느니
차라리 월계수가 되기를 선택한 님프

그리스인들은 아폴론이야말로 '남성미의 화신이자 아름다운 청년의 이상'이라며 우러러보았다. 그래서 만약 여성이 이 신의 사랑을 받게 된다면 더할 나위 없는 행복으로 여겨져 세간의 부러움을 샀다.

그런데 아폴론의 사랑을 받아 그의 아이를 가졌던 코로니스는 인간의 남자와 몸을 섞어 신을 진노하게 했고, 그 벌로 죽음을 맞았다. 이처럼 아폴론의 연애는 어째서인지 자주 슬픈 결말을 맞이하곤 했다. 그중에서도 아폴론이 **다프네**라는 님프(자연계에 사는 여성 정령)에게 열렬하게 구애하다 벌어진 비극적인 이야기는 아주 유명하다.

다프네는 테살리아를 흐르는 페네오스(Peneus)라는 강의 신의 딸이었다. 순결한 처녀로 남자라면 질색이었던 다프네는 구애하는 뭇 남성들에게 번번이 퇴짜를 놓았다. 그러고도 모자라 아예 남장을 하고 선머슴처럼 산과 들을 쏘다니면서 사냥을 즐기며 살았다.

생기발랄한 다프네의 모습을 본 아폴론은 한눈에 반해 달콤한 사랑의 말을 속삭이며 다프네를 뒤쫓기 시작했다. 그러나 남성미의 상징 아폴론에게도 눈 하나 끔뻑하지 않고 철벽 수비를 펼치는 여인이 있을 줄이야……. 남자 보기를 돌같이 하고 남자의 손길을 거부하며 꿋꿋이 순결을 지키며 살았던 처녀의 마음은 완강했다.

페네오스 강가에서 아폴론에게 따라잡히게 되자 다급해진 다프네는 강의 신인 아버지 페네오스에게 기도했다.

"아버지, 소녀가 순결을 지킬 수 있도록 부디 이 모습을 다른 무언가로 바꾸어 주세요."

다프네가 아버지에게 간절히 기도하자 사지에 찌릿한 느낌이 돌더니 그녀의 몸이 딱딱한 나무껍질로 뒤덮이기 시작했다. 치렁치렁하게 물결치던 금발은 초록 이파리로 변했고, 양팔은 쭉 뻗은 나뭇가지로, 두 다리는 땅으로 파고 들어가 뿌리가 되었다.

아폴론은 그리스어로 다프네라 부르는 그 월계수를 부둥켜안고 어루만지며, 몇 번이고 나뭇가지와 줄기에 입 맞추었다. 나무껍질 아래에서는 아직 처녀의 심장이 겁에 질려 파닥파닥 고동치고 있는 소리가 들렸고, 가지는 신의 입맞춤을 피해 몸을 비틀 듯 이리저리 흔들렸다. 아폴론은 그 월계수를 향해 가만히 말을 걸었다.

"네 비록 내 신부가 되지 못했지만, 내 나무가 되어다오. 그리하면 내 머리카락이 불사이듯 네 잎 또한 시들지 않고 사시사철 푸르리라. 앞으로 인간들은 승리의 영광을 기리기 위해 네 잎으로 관을 만들어 머리를 장식하리라."

그러자 월계수는 아폴론을 향해 순종하듯 우듬지를 내리고는 승낙의 뜻을 내비쳤다.

그때부터 월계수는 겨울에도 잎이 떨어지지 않고 푸르른 상록수가 되었고, 그 가지를 엮어 만든 월계관은 인간들 사이에서 최고의 명예의 징표로 여겨지며 영광의 순간을 장식하게 되었다.

슬픈 결말로 끝난
아폴론의 동성애

아폴론은 참으로 사랑이 많은 신이었다. 아폴론의 마음은 여성 뿐 아니라 소년에게도 향했다.

고대 그리스에서는 성인 남성과 소년 사이에 이루어지는 동성애 관계는 신뢰와 동지애로 간주되어, 여성과의 사랑보다 숭고한 가치를 지녔다고 여겨졌다. 이러한 사회·문화적 배경 덕분에 그리스 신화에는 동성애 이야기가 여러 편 전해지는데, 모두 동성애를 금기시하지 않는 그리스인의 사고방식에서 비롯되었다.

한편, 아폴론은 연애에서만은 운이 따르지 않는지 소년들과의 연애도 어째서인지 항상 슬픈 결말을 맞이하곤 했다. 그중에서도 **히아킨토스**(Hyakinthos)와의 사랑 이야기가 유명하다.

히아킨토스는 아폴론을 연모하는 미소년이었다. 아폴론도 히아킨토스를 총애해 소년이 살던 스파르타(Sparta) 인근의 아미클라이 (Amyclae)까지 가서 함께 사냥과 운동 경기를 즐기며 시간을 보냈다. 그런데 하필 서풍의 신 **제피로스**(Zephyros)도 이 미소년에게 연심을 품고 있었기에 아폴론과 소년의 돈독한 사이를 시샘했다.

아폴론과 히아킨토스가 원반던지기를 즐길 때 비극이 일어났다. 아폴론이 던진 원반을 잡으려고 소년이 정신없이 달려가던 찰나, 둘의 다정한 모습이 눈에 거슬렸던 제피로스가 바람을 일으켰다. 그 바람에 날아가는 방향이 바뀐 원반은 히아킨토스의 이마에 명중했고, 소년은 어이없이 죽고 말았다. 사랑하는 소년이 자신이 던진 원반에 맞아 죽는 모습을 본 아폴론은 비통하게 절규했다.

"할 수 있다면 나도 불사의 몸을 버리고, 네 뒤를 따라 함께 저승으로 가고 싶구나!"

아폴론은 구슬피 목 놓아 울었다.

"나를 위해 살다 나와 함께할 수 없게 된 너는 꽃이 되어서라도 영원히 내 사랑을 받으리라."

히아킨토스의 이마에서 흘러내린 피에서 히아신스 꽃이 피어났다. 히아신스라는 꽃 이름은 아폴론과 히아킨토스의 비극적인 사랑에서 유래했다.

히아킨토스 이외에도 아폴론과 비극적 사랑을 나누었던 젊은이가 있다. 그리스어로 사이프러스(kyparissos, 키파리소스)라 부르는 측백나무도 아폴론에게 사랑받던 비운의 젊은이가 모습을 바꾼 나무라는 이야기가 전해진다.

케아 섬(Kéa, Keos, 키오스 섬)에 살던 미소년 키파리소스는 자신을 따르던 암사슴 한 마리를 애지중지하며 자랑거리로 여겼다. 그러던 어느 여름 날, 키파리소스가 던진 창이 나무그늘에 몸을 숨기고 쉬고 있던 사슴을 맞히고 말았다. 사슴이 죽자 아폴론의 위로도 귀에 들어오지 않았던 키파리소스는 기도하고 또 기도했다.

"신이시여, 영원토록 사슴의 죽음을 애도할 수 있도록 해주소서."

소년의 간절한 기도가 응답을 받은 건지, 소년은 얼마 지나지 않아 사슴을 따라 저세상으로 갔다. 소년이 묻힌 무덤 위에서 나무 한 그루가 자라났는데, 그 나무는 슬픔을 상징하는 측백나무가 되었다는 이야기다.

아폴론의 연애는 대개 비극으로 끝났다. 아마 누구나 우러러보는 미모를 지닌 동시에 앞에 서기만 해도 온몸이 사시나무 떨릴 만큼 무서운 신이었기에, 그의 사랑을 기쁨보다 공포로 받아들이는 이들이 많았기 때문이 아닐까.

죽음을 부르는 화살을 쏘는
처녀 신 아르테미스

남녀를 가리지 않고 사랑했던 아폴론과 달리 쌍둥이 누이인 **아르테미스**(Artemis)는 남자와 얽히기 싫어하는 순결한 처녀 여신으로, 영원히 처녀로 살기로 맹세한 님프들을 이끌고 산과 들로 사냥 다니기를 즐겼다. 사냥의 여신답게 아르테미스도 아폴론처럼 활과 화살을 지니고 다녔다.

아르테미스는 사냥의 여신인 동시에 사냥감이 되는 짐승들의 수호자이기도 하다. 그녀의 화살도 아폴론의 화살과 마찬가지로 인간을 향해 쏘면 눈에 보이지 않는 죽음을 가져왔기에 인간에게 공포의 대상으로 여겨졌다. 다만 아르테미스는 오로지 여자를 향해서만 활시위를 당겼다. 가령 그리스인들은 출산 중에 여성이 숨을 거두면 아르테미스가 쏜 화살에 맞았다고 믿었다.

아폴론과 아르테미스의 화살에 맞은 희생자 중에는 특히 **니오베**가 유명하다. 테베 왕 암피온의 왕비였던 니오베는 다산이라는 축복을 받아 수많은 자식을 낳았고, 그 점을 늘 자랑스러워했다. 왕성한 출산 능력을 자랑거리로 여기던 니오베는 어느 날 해서는 안 되는 말을 내뱉고야 말았다.

"다들 레토가 자식 복이 많다고들 하지만, 아폴론과 아르테미스라는 아들과 딸 하나씩 낳았을 뿐이잖아. 레토 여신보다 내가 훨씬 많은 아이를 낳았으니 내 팔자가 훨씬 낫지, 안 그래? 뭐니 뭐니 해도 여자는 자식 복이 최고야. 레토보다 내가 여자로서 복 받은 인생 아닐까?"

니오베의 말을 들은 레토는 아폴론과 아르테미스에게 서럽게 하소연했다.

"한낱 인간 여인 따위가 이 레토를 능멸하다니! 하늘 무서운 줄 모르는 니오베의 오만을 벌해 이 어미의 한을 풀어다오."

아폴론은 산에서 사냥을 하던 니오베의 아들들을 모조리 활로 쏘아 죽였고, 아르테미스는 왕궁에 있던 딸들을 활로 쏘아 죽였다. 사랑하는 자식들을 잃은 슬픔을 이기지 못한 니오베는 돌로 변했고, 그 돌에서는 자식들의 죽음을 슬퍼하며 흘린 눈물이 샘이 되어 솟아났다고 한다.

그 밖에도 **악타이온**이 받은 벌 이야기는 순결한 처녀 신인 아르테미스의 비위를 거스르면 얼마나 무서운 일이 벌어지는지를 전해준다.

뛰어난 사냥 솜씨로 명성이 자자한 사냥꾼이었던 악타이온은 어느 날 숲속에서 맑은 샘이 솟는 동굴을 발견했다. 그는 사냥으로 쌓인 피로를 풀 겸 그 샘에 몸을 담갔다. 그런데 하필 그때 아르테미스가 그 샘에서 목욕을 하던 중이었다. 실오라기 한 올 걸치지 않은 몸을 함부로 들어온 불경한 인간 사내에게 내보인 여신은 수치심으로 파르르 몸을 떨며 호통쳤다.

"이 무례한 놈!"

인간 사내에게 알몸을 들켜 화가 난 아르테미스는 악타이온에게 샘물을 뿌려 그를 사슴으로 바꾸었다. 그리고 악타이온이 데려온 50마리의 사냥개에게 그를 쫓게 했고, 결국 사슴으로 변한 악타이온은 온몸이 갈기갈기 찢겨 처참한 죽음을 맞이했다.

물론 그리스인들은 아르테미스를 마냥 무섭기만 한 여신이라 생각지 않았다. 아르테미스는 출산 도중에 여성을 죽이기도 하지만, 임산부의 출산을 돕는 수호 여신이기도 하다. 또한 인간과 동물의 자식을 보호하고 성장시키는 일도 아르테미스의 중요한 역할 중 하나였기에 야누스처럼 서로 다른 얼굴을 지닌, 존경과 두려움을 동시에 받는 여신이었다.

알몸으로 악타이온을 사슴으로 변신시키는 아르테미스

제우스에게 삼켜진 지혜의 화신
메티스

아버지 크로노스를 대신해 신들의 왕이 되어 세계를 지배하게 된 제우스는 첫 번째 배우자로 지혜의 여신 메티스(Mētis)를 선택했다. 제우스가 메티스의 조력을 얻어 크로노스에게 구토제를 먹이고, 삼키고 있던 제우스의 형제들을 토해내게 만들었다는 이야기는 이미 앞에서 살펴보았다.

그런데 막상 메티스가 임신하자 제우스는 여신을 통째로 집어삼켜 버렸다.

"메티스가 처음으로 낳는 아이는 지혜도 용기도 제우스에게 필적할 정도로 훌륭한 여신이지만, 그 다음에 태어나는 아이가 사내아이라면 제우스는 그 아이에게 신들의 왕 지위를 빼앗긴다."

제우스는 할머니인 가이아의 예언이 마음에 걸려 밤잠을 설쳤다. 하필 메티스는 무엇으로든 변할 수 있는 힘을 가지고 있었고, 평소에도 걸핏하면 자신의 변신 능력을 자랑했다.

"정말로 무엇으로든 변할 수 있는가?"

제우스가 메티스를 교묘한 말솜씨로 부추겼다. 제우스는 이걸로 변신해보라, 저걸로 변신해보라며 메티스의 승부욕을 살살 자극했고, 여신은 매번 변신에 성공했다. 제우스는 메티스의 변신 능력을 호들갑스럽게 칭찬했다.

"아무리 변신 능력이 뛰어나도 물 한 방울로는 변신할 수 없을 테지."

제우스는 결정적인 한마디로 메티스를 도발했다.

"뭐? 물방울? 그 정도야 누워서 떡 먹기지."

제우스의 말이 끝나기 무섭게 메티스가 물방울로 변신하자 제우스는 눈 깜짝할 사이에 물방울을 삼켜버렸다.

메티스는 예측 불가능한 사태에도 대처할 수 있는 지혜를 갖춘 임기응변의 달인으로 알려졌지만, 이 사건으로 제우스에게 일인자 자리를 넘겨주어야 했다. 이후 제우스는 지혜의 여신조차 속여 넘길 수 있는, 으뜸가는 현자로 인정받게 되었다.

메티스는 제우스에게 삼켜진 후에도 죽지 않고 남편의 배 속에서 살며, 지혜로운 조언과 간교한 꾀를 가리지 않고 이것저것 충고해주었다. 말하자면 제우스는 지혜의 원천을 자기 안에 품고 있던 셈이다.

비록 제우스는 자신의 아이를 잉태한 아내를 삼켰지만 그의 아버지 크로노스가 가이아에게서 태어난 자신의 자식들을 집어삼킨 과거의 사건과는 다른 양상을 보인다.

제우스의 형제들은 각각 세계를 위해 중요한 역할을 할 힘을 지 닌 위대한 신들이었다. 크로노스는 위대한 자질을 품은 아이들이 태어나자마자 바로 집어삼켜 신으로서 활동할 기회 자체를 앗아갔 다. 그러나 제우스가 삼킨 메티스는 세계의 지배자 배 속에 새로운 거처를 마련했다. 최고신의 배 속은 지혜의 여신에게 걸맞은 최고 의 보금자리였던 셈이다.

메티스는 제우스의 배 속에서 한 몸이 되어 최고신에게 나아가 고 물러날 때를 조언함으로써 지혜의 여신으로서의 직분을 계속 수행할 수 있었다.

물방울을 삼키는 제우스

영웅들을 돕는 전쟁의 여신
아테나

메티스의 배 속에 들어선 아기는 제우스에게 삼켜진 후에도 어머니 배 속에서 무럭무럭 자라났다. 달이 차고 아기가 태어날 때가 되자 제우스는 머리가 쪼개질 듯한 극심한 두통을 느껴 자신의 머리에 도끼질을 했다.

그러자 머리에서 황금 갑옷과 투구를 완전히 갖추어 입고 창과 방패를 든, 한눈에도 용맹한 여신이 천지를 뒤흔드는 우레와 같은 함성을 내지르며 튀어나왔다. 아비의 머리를 가르고 태어난 딸, 바로 제우스가 가장 사랑하는 전쟁의 여신 **아테나**(Athena)였다.

아테나는 전쟁의 신인 아레스와는 전쟁을 대하는 방식이 완전히 달랐다. 전쟁은 전쟁터에서 싸우는 자들이 잔인하게 서로를 죽고 죽이는 행위다. 야만스러운 전쟁의 신 아레스는 인간들이 목숨을 걸고 피 흘리며 싸우는 모습을 보고 짜릿한 쾌감을 느꼈다. 그러나 한편으로 전쟁은 전사들이 용맹스럽게 싸우며 혁혁한 공을 세우는 기회이기도 하다. 아테나는 전쟁이 가져오는 문명의 발전을 관장하는 여신으로, 그리스인들은 아테나 여신이 전사들의 활약을 돕는다고 믿었다.

신화에 등장하는 수많은 영웅들이 이 여신의 도움을 얻어 온갖 공적을 세웠다는 이야기가 전해진다. 예를 들어 아테나는 **페르세우스**가 고르곤 자매 중 하나인 메두사의 머리를 잘라 무찌르도록 도왔고, 이 영웅이 바친 무시무시한 괴물의 머리를 창끝에 장식으로 달고 다녔다. 또한 헤라가 눈엣가시로 여겨 모질게 구박하던 **헤라클레스**의 모험에 힘을 보탰고, 모험을 마친 영웅이 최후에 신들의 일원이 되어 승천할 때 탔던 마차의 마부 역할을 맡았던 일화도 유명하다.

고대 그리스 문화의 중심이었던 아테네라는 도시 이름은 이 아테나 여신의 이름을 따서 붙여졌다. 신들이 지상의 땅을 나누어 가질 때 아테나와 포세이돈은 오늘날 아테네인 아티카 지방을 자신의 영지로 삼겠다며 한 치의 양보도 없이 옥신각신 다투었다. 두 신은 지금도 아테네의 한복판에 우뚝 솟아 있는 아크로폴리스 언덕 위에서, 누가 아티카 주민들에게 보다 나은 선물을 줄 수 있을지를 두고 한판 승부를 겨루었다. 이 내기에서 승리한 신이 아티카를 가지기로 했던 것이다.

먼저 포세이돈은 바다의 지배자다운 힘을 발휘해 삼지창으로

구스타프 클림트 〈팔라스 아테나〉 빈 시립박물관 소장(오스트리아)

지면을 두드리자 샘물이 퐁퐁 솟아났다. 그러나 그 샘에서는 바닷물처럼 소금기 가득한 짠물이 흘러나왔다. 다음으로 아테나가 창으로 지면을 찌르자 올리브 나무가 자라나기 시작했다. 세계 최초의 올리브 나무로 모든 올리브 나무의 조상이 될 나무였다.

심판을 맡았던 다른 신들은 올리브 나무가 짜디짠 소금물보다 인간 생활에 보탬이 된다고 판정했고, 아테나를 아티카를 지배하는 신으로 결정해 아티카는 아테나 여신의 도시, 즉 아테네가 되었다.

도끼로 머리를 쪼개자 아테나 여신이 태어나다

직물의 여신과 솜씨를 겨룬
아라크네의 종말

아테나는 어머니 메티스의 자질을 물려받은 빼어난 지혜의 여신이기도 하다. 누구보다 영리한 최고신 제우스의 머리에서 태어났다는 이야기도 지혜의 여신에게 어울리는 탄생 설화다. 뛰어난 지혜로 갖가지 발명을 이룩하고 장인들을 수호하는 임무도 기술과 문명의 여신인 아테나의 중요한 사명이었다. 그중에서도 고대 그리스에서 여성들의 주요 일거리였던 베 짜기는 아테나가 특별히 공을 들였던 분야다. **아라크네**(Arachne) 이야기는 베 짜기에 대한 아테나의 각별한 관심을 잘 보여준다. 거미는 그리스어로 '아라크네'라고 하는데, 스스로의 베 짜는 솜씨를 자랑하다 아테나의 분노를 산 소녀의 이름에서 비롯되었다는 이야기가 전해진다.

아라크네는 오늘날 터키 서해안에 있던 콜로폰(Kolophon)이라는 마을에 살았다. 베 짜기를 좋아하던 아라크네는 아름다운 천을 짜서 자수를 놓는 일에 푹 빠져 지냈다. 아라크네의 솜씨가 워낙 뛰어나 인간의 솜씨라는 게 믿기지 않을 정도였다.

"아라크네가 아테나 여신에게 베 짜는 기술을 배운 게 틀림없다."

아라크네의 야무진 솜씨를 두고 사람들이 수군거렸다. 그런데 정작 소문을 전해 들은 아라크네는 발끈했다.

"뭐라고? 내가 아테나에게 베 짜는 기술을 배웠다고? 나에 대한 모욕이야. 나는 아테나와 겨루어도 절대 지지 않을 자신 있거든!"

아라크네의 자신감은 하늘을 찔렀다. 물론 아테나 여신은 아라크네의 오만을 그냥 보아 넘기지 않았다. 노파로 변장한 아테나 여신은 아라크네를 찾아가 조용히 타일렀다.

"이보오, 색시. 지금이라도 늦지 않았으니 불경한 발언일랑 거두고 여신에게 용서를 빌도록 해요."

아라크네는 노파의 말에 콧방귀를 뀌며 야멸차게 대꾸했다.

"이봐요, 할머니. 지금 당장 승부를 겨루어도 이길 자신이 있으니 어디 한번 아테나 여신을 데려와 보시지 그래요!"

아라크네는 노파의 충고를 무시하는 것도 모자라 발칙하게 여신을 도발했다. 그러자 여신은 변장을 풀고 아라크네 앞에서 본연의 모습을 드러냈다. 아라크네는 여신을 직접 보고서도 엎드려 용서를 빌지 않고 도리어 지금 당장 승부를 겨루어 보자며 투지를 불태웠다.

야코포 틴토레토 〈아테나와 아라크네〉 우피치 미술관 소장(이탈리아)

대결이 시작되자 아라크네는 직접 짠 천에 제우스와 다른 신들
이 동물로 변신해 인간 여인을 유혹하는 모습을 묘사하며 신들을
조롱하고 모욕했다. 아라크네의 솜씨는 혀를 내두를 정도로 정교
했다. 그러나 신을 농락한 인간이 벌을 받지 않을 리가 없다. 화가
머리끝까지 치민 아테나는 아라크네가 짠 천을 찢어발기고 손에
들고 있던 베틀북으로 아라크네의 이마를 쳤다.

여신의 매운 손맛을 보고 따끔하게 혼쭐이 난 아라크네는 그제
야 정신을 차리고 천으로 목을 매어 자결하려 했다. 그런 아라크네
를 딱하게 여긴 아테나 여신은 그녀를 거미로 바꾸어 목숨만은 살
려주었다. 거미가 된 아라크네는 지금도 자신의 실에 매달려 허공
에서 부지런히 베를 짜며 속죄하고 있다. 아라크네 이야기는 신에
게 대들었던 오만한 인간의 비참한 말로를 우리에게 잘 보여준다.

마음 가는 대로
여신들에게 집적거린 제우스

제우스는 지혜의 여신 메티스 다음으로 테미스(Themis)라는 율법의 여신을 아내로 맞아들였다. 테미스는 티탄 일족으로, 촌수로 따지면 제우스에게는 숙모뻘에 해당한다.

테미스는 먼저 호라이(Horai)라는 계절의 여신들을 낳았다. 호라이 세 자매에게는 **에우노미아**(Eunomia, 질서), **디케**(Dike, 정의), **에이레네**(Eirene, 평화)라는 이름이 붙었다. 여신들은 이름 그대로 자연계에서 계절의 운행을 관장하는 동시에 인간 사회에서 질서와 정의와 평화를 수호하는 역할을 한다.

세 자매 중에서도 제우스는 디케를 각별히 아꼈다. 디케는 지상에서 정의가 유린당하면 곧바로 제우스에게 달려가 인간들이 자신을 푸대접했다며 아버지 무릎에 매달려 하소연했다. 제우스는 디케의 간청을 무시하지 않았기에, 그리스인들은 부정을 저지른 인간은 반드시 벌을 받게 된다고 믿었다.

호라이 자매는 아프로디테를 여주인으로 섬기며 충실한 시녀처럼 여신을 받들어 모셨다. 그도 그럴 것이 아프로디테는 초목이 싹을 틔우고 성장하도록 도와 아름답게 피어나도록 자연계에 봄을 일깨워주는 여신이기도 했기 때문이다.

계절의 여신들을 낳은 테미스는 이어서 모이라이(Moirai)라는 운명의 여신들을 낳았다. 이번에도 세 자매로, 각각의 이름을 **클로토**(Clotho, 실을 뽑는 자), **라케시스**(Lachesis, 나누는 자), **아트로포스**(Atropos, 거두어들이는 자)라 붙였다. 그녀들은 운명의 실을 자아 그 실을 인간들에게 나누어주고, 주어진 운명을 거역하지 못하게 간수하는 역할을 맡았다.

인간의 수명이 다하면 모이라이 자매 중 한 사람이 손에 들고 있던 가위로 그 사람의 운명의 실을 싹둑 자른다. 운명의 여신들이 정한 운명은 다른 신들도 절대 바꿀 수 없는 절대적인 것으로 여겨졌다.

물론 아내를 몇 번이나 갈아치운 제우스의 여성 편력은 끝나지 않았다. 이후로도 헤파이스토스를 도왔던 아리따운 물의 여신인 에우리노메(Eurynome)를 연인으로 만들어 카리테스(Charites)라는 세 자매를 탄생시켰다.

카리테스 자매는 아프로디테의 분신 같은 미의 화신으로, 각각의 이름을 **아글라이아**(Aglaia, 빛), **에우프로시네**(Euphrosyne, 기쁨), **탈리**

프란시스코 데 고야 〈운명의 세 여신〉 프라도 미술관 소장(스페인)

아(Thalia, 활짝 핀 꽃)라 불렀다. 세 여신은 제우스의 왕궁 연회장에 모인 신들 앞에서 화려한 춤을 선보여 올림포스 연회를 빛내며 즐겁고 흥청거리는 분위기를 연출했다.

아프로디테는 키프로스 섬 파포스(Paphos) 시에 있는 그리스 세계 최초로 세워진 신전을 지상에서의 본거지로 삼았다. 카리테스 자매들은 그 신전에서 아프로디테를 기다리다 여신이 찾아오면 부랴부랴 맞아들여 목욕을 돕고 피부에 불사의 향유를 발라주고 화려한 의상을 입혀 아름다움과 사랑의 여신을 한층 매력적으로 가꾸어 세상에 내보내곤 했다.

딸을 저승에 빼앗긴
농업의 여신

세 살 버릇 여든까지 간다고, 제우스의 난봉꾼 기질은 시간이 지나도 변하지 않았다. 급기야 누이 중 한 명인 농업의 여신 데메테르에게 손을 대 **페르세포네**(Persephone)라는 딸을 얻었다.

데메테르는 외동딸인 페르세포네를 눈에 넣어도 아프지 않을 정도로 애지중지하며 금이야 옥이야 보살폈다. 그런데 제우스는 페르세포네를 자신의 형이자 지하에 있는 사자의 왕국을 다스리는 하데스의 왕비로 간택하려는 꿍꿍이를 품고 있었다.

어느 날, 들판에서 꽃을 따던 페르세포네는 약간 떨어진 곳에서 흐드러지게 핀 수선화를 발견했다. 그 꽃은 제우스와 하데스와 공모한 대지의 여신 가이아가 페르세포네를 꾀어내기 위해 특별히 공을 들여 아름답게 피도록 만든 덫이었다.

페르세포네가 그 수선화에 다가가자 갑자기 대지에 커다란 균열이 생기더니, 그 균열에서 황금 마차를 탄 하데스가 날아올라 비명을 내지르는 페르세포네를 납치해 망자들이 사는 지하세계로 데려갔다.

하데스에게 끌려가던 페르세포네가 내지른 비통한 울부짖음은 당연히 어머니인 데메테르 여신의 귀에 들어갔다. 귀한 딸의 신변에 좋지 않은 일이 생겼음을 직감한 데메테르는 집에서 뛰쳐나와 아흐레 동안 횃불을 치켜들고는 한숨도 자지 않고 한시도 쉬지 않고 세계 곳곳을 누비며 딸의 행방을 수소문했다.

열흘째 되던 날 아침, 데메테르는 태양이 동쪽 하늘로 떠오르는 모습을 보고 태양이라면 페르세포네에게 무슨 일이 생겼는지 알리라고 생각했다. 예상대로, 태양은 페르세포네가 하데스에게 사로잡혀 저승으로 끌려갔다고 가르쳐주었다. 그리고 하데스에게 그녀를 납치하라고 부추긴 사람이 제우스라는 사실도 넌지시 일러주었다. 딸의 행방을 들은 데메테르는 제우스에 대한 걷잡을 수 없는 분노에 사로잡혀 주먹을 불끈 쥐고 복수를 다짐했다.

데메테르는 신들의 세계에서 벗어나 인간 여자로 모습을 바꾸어 지상을 이리저리 떠돌아다니기 시작했다. 긴 방랑 끝에 데메테르는 아티카의 **엘레우시스**(Eleusis)라는 고장에 이르렀다. 인간으로 변장한 여신이 샘가의 나무그늘에서 쉬고 있자니 마침 엘레우시스의 왕 켈레오스(Keleos)의 네 딸이 물을 길러 왔다.

데메테르를 발견한 아가씨들은 친절하게 말을 건네며 아버지의

로렌초 베르니니 〈페르세포네를 납치하는 하데스〉 보르게세 미술관 소장(이탈리아)

궁으로 가서 여독을 풀고 가라고 권했다. 데메테르는 살갑게 말을 거는 아가씨들의 마음씀씀이를 어여삐 여겨 켈레오스 왕의 궁으로 따라갔고, 메타네이라(Metaneira) 왕비는 딸들이 초대한 낯선 여인을 극진히 대접해주었다.

데메테르는 왕비의 정성 어린 환대를 받아들여 아직 갓난아기였던 데모폰(Demophon) 왕자의 보모가 되어 당분간 켈레오스 왕궁에 머물러 살기로 했다.

페르세포네를 납치하는 하데스

석류를 먹고 저승의 여왕이 된
페르세포네

켈레오스 왕궁에 살게 된 데메테르는 왕의 일가에게 받은 친절에 보답하기 위해 데모폰 왕자를 불사의 몸으로 만들 계획을 세웠다. 여신은 신들을 불사로 만드는 신의 음식 **암브로시아**(Ambrosia)를 갓난아기의 피부에 바르며 자신의 입김을 불어넣었다. 그러다 밤이 되면 아기를 불 속에 넣어 몸에서 불사가 아닌 부분을 조금씩 태워나갔다.

그러던 어느 날 밤, 메타네이라 왕비가 그 광경을 보고 말았다. 왕비는 소중한 아들을 불에 태워 죽이려는 파렴치한 범죄로 착각하고 큰소리로 울부짖었다. 자신의 뜻을 헤아리지 못하고 궁전이 떠나가라 수선을 떠는 왕비 때문에 심기가 불편해진 데메테르는 데모폰 왕자를 바로 불에서 꺼내 불사로 만드는 과정을 중단했다.

그리고 여신의 모습으로 돌아가 메타네이라 왕비에게 정체를 밝히고는 자신을 위한 신전을 엘레우시스에 세우라고 명령했다.

신전이 완성되자 데메테르는 그 속에 틀어박혀 농업의 여신이 모름지기 해야 할 일에서 모조리 손을 놓아버렸다. 농업의 여신이 직무를 방기하자 온 세상에 이변이 일어났다. 사람들이 땅을 갈고 씨를 뿌려도 대지는 아무것도 내어주지 않았다.

난처해진 제우스는 데메테르의 신전으로 여러 신들을 파견해 토라진 여신의 마음을 돌려보려 했다.

"데메테르 여신이어, 부디 화를 거두시고 제우스와 화해해 신들의 세계로 돌아와 주소서."

하지만 그 어떤 신이 찾아가 아무리 간곡하게 부탁해도 데메테르의 대답은 한결같았다.

"딸을 돌려주지 않으면 신들의 세계로 돌아가지도 않을뿐더러 그 어떤 땅도 소출을 내지 못하리라."

제우스는 하는 수 없이 헤르메스를 저승으로 보내 하데스에게 전갈을 전했다.

"페르세포네를 데메테르에게 돌려주거라."

하데스는 페르세포네를 납치했을 때와 같은 황금 마차에 태우고 "지상으로 데리고 돌아가라"고 헤르메스에게 명령했다.

그런데 페르세포네를 돌려보내기 직전에 하데스는 어머니에게 돌아갈 수 있게 되었다는 소식을 듣고 기뻐하던 페르세포네의 입에 석류 한 알을 넣어주었고, 기쁨에 들뜬 페르세포네는 아무런 의

프레드릭 레이튼 〈페르세포네의 귀환〉 리즈 미술관 소장(영국)

심 없이 석류를 받아먹었다.

　헤르메스는 페르세포네를 데메테르의 신전으로 데려갔고, 어머니와 딸은 얼싸안고 재회를 기뻐했다. 하지만 황천에서 망자의 음식을 먹은 페르세포네는 저승과의 인연을 완전히 끊을 수 없었다.

　"페르세포네는 하데스와 결혼하여 저승을 다스리는 여왕이 되어야 한다. 다만 **일 년의 삼 분의 일을 저승에서 보내면 나머지 삼 분의 이는 지상에서 어머니와 살아도 좋다.**"

　제우스는 모두 만족할 수 있는 해결책을 마련해, 데메테르와 하데스에게 전했다. 데메테르는 공정한 판결에 승복해 기근을 멈추었고, 신들의 일원으로 복귀해 농업의 여신으로서의 직분을 다하게 되었다.

데메테르가 인간에게 전수한
엘레우시스의 비밀 의식

　하데스와 결혼해 망자의 나라의 여왕이 된 페르세포네가 지하에서 남편과 함께 지내는 시기에는 보리로 대표되는 작물이 지상에서 모습을 감춘다. 그러다 페르세포네가 데메테르의 품으로 돌아와 어머니와 사는 동안 지상은 다시금 아름다운 작물로 뒤덮인다. 그래서 페르세포네는 저승의 여왕인 동시에 지상에서 자라나 생장하고 수확되어 지상에서 사라지는 과정을 매년 되풀이하는 보리의 화신이기도 하다. 페르세포네의 어머니인 데메테르는 보리를 자신의 딸처럼 살뜰하게 보살피지만 겨울이 오면 풍성하게 영근 보리 이삭도 들판에서 자취를 감춘다. 마치 계절이 순환하면 황천으로 돌아가야 하는 여신의 딸과 같다. 소중한 딸을 내어주고 시름에 잠겨 탄식하는 어머니 대지 역시 우리 인간들처럼 자연의 섭리에서 벗어날 수 없다는 깨달음도 전해준다.

사실 데메테르라는 이름은 '다마테르'가 원형으로, **어머니**(마테르)**인 대지**(다)'라는 뜻을 담고 있다. 즉, 데메테르는 대지의 어머니인 가이아와 비금비금할 정도로 중요한 위치를 차지하는 여신이다.

포세이돈은 포세이단이라고 부르기도 하는데, 이 이름에도 '대지(다)의 남편(포시스)'이라는 의미가 숨겨져 있다. 아르카디아 지방에는 포세이돈이 데메테르와 관계를 맺어 자식을 두었다는 이야기도 전해진다.

어느 날 데메테르는 자신에게 흑심을 품은 포세이돈이 살금살금 뒤를 밟고 있음을 알아차렸다. 데메테르는 목마로 변신해 근처에 있던 말 떼 사이에 몸을 숨겼다. 그런데 포세이돈은 여신의 변신을 한눈에 간파하고 자신도 목마로 변해 목마로 변신한 데메테르를 겁탈했다. 데메테르는 아기를 가졌고 데스포이나(Despoina)라는 딸과 아리온(Arion=Areion, 아레이온)이라는 망아지를 낳았다.

포세이돈은 바다의 신이지만 본래 대지와도 밀접한 인연이 있는 신이다. 포세이돈은 '**대지를 뒤흔드는 자**(Ennosigaeus, 엔노시가이오스)'라는 별명처럼 지진을 일으키는 신으로, 그리스인들에게 두려움의 대상이 되었다.

한편, 데메테르는 엘레우시스를 떠나기 전에 귀여워하던 트리프톨레모스(Triptolemus)라는 켈레오스 왕의 아들에게 보리 씨앗과 날개 달린 용이 끄는 수레를 선물했다.

"수레를 타고 하늘을 날아 땅 위에 보리를 널리 퍼트려라."

데메테르 여신은 당부를 잊지 않았다. 또 켈레오스 왕에게는 자신과 페르세포네를 위해 매년 엘레우시스에서 치러야 하는 비밀 의식을 가르쳐주었다.

"의식에 참가한 자 이외에는 이 비밀을 알아서는 안 된다."

데메테르 여신은 의식의 비밀을 엄수하라고 명령했다.

여신이 떠난 후 엘레우시스에서는 해마다 착실하게 비밀 의식을 거행했다. 고대 그리스인은 이 의식에 참가해 비밀을 지키는 자는 페르세포네의 축복을 받아 사후 세계에서 행복하게 산다고 믿었다. 그래서 매년 각지에서 엘레우시스로 수많은 사람들이 찾아와 비밀 의식에 참가하며 저세상에서의 행복을 빌게 되었다고 한다.

보리 씨앗을 뿌리는 트리프톨레모스

시와 학예의 여신인
아홉 자매

제우스는 자신의 숙모였던 **므네모시네**(Mnemosyne)라는 기억의 여신에게도 손을 뻗었다. 올림포스 산기슭의 피에리아에서 제우스는 그녀와 아흐레 밤에 걸쳐 관계를 가졌고, 여신은 일 년 후 무사이라는 아홉 자매를 낳았다. 제우스와 므네모시네 사이에서 태어난 무사이 자매는 시의 여신이 되었다.

고대 그리스에서 예부터 시는 문학이라기보다 일종의 음악으로 여겨졌다. 시는 악기 연주에 맞추어 즉흥적으로 노래하며 기억되었고, 그 과정에서 다음 세대 시인들에게 구전되는 형태로 정착된 예술이다.

무사이 여신은 이 시를 천상에서 '**무사이의 지휘자**(Musagetes, 무사게테스)'라 불렸던 아폴론이 연주하는 음악에 맞추어 한 목소리로

노래하며 제우스의 왕궁에서 열리는 연회에 모인 신들을 즐겁게 해주는 역할을 맡았다. 그리고 지상에서는 인간 시인들이 여신들의 노래를 본받아 시의 형태로 따라 읊곤 했다.

고대 그리스인들은 시인들이 스스로 지은 시를 노래하지 않고 무사이 여신에게 빙의되어 시를 읊는다고 믿었다. 그래서 시인들은 노래를 시작할 때면 반드시 기도를 올렸다.

"무사이 여신이여, 부디 지금부터 노래할 시를 제 입을 빌어 여신께서 불러주십시오."

당시 인간들에게 중요한 지식은 모두 시 속에 차곡차곡 집약되었고, 시인은 이 시를 착실하게 기억해 후대에 남겼다. 오늘날까지 남은 다양한 학문과 예술은 모두 시에서 갈라져 나와 독립된 분야라고 할 수 있다.

문학과 예술, 학문이 여러 갈래로 갈라짐에 따라 무사이 여신들은 각자 전문 분야를 나누어 맡기로 했다. 그래서 무사이 자매를 시의 여신인 동시에 학문의 여신으로 숭상하게 되었다.

무사이의 맏언니인 **칼리오페**는 시와 학예의 근간인 서사시의 여신으로 여겨졌다. **클레이오**는 역사, **우라니아**는 천문, **멜포메네**는 비극, **탈리아**는 희극, **테르프시코레**는 합창 가무, **에라토**는 연시와 독창, **에우테르페**는 피리 음악과 서정시, 그리고 **폴리힘니아**는 춤과 찬가의 여신으로 여겨졌다.

음악 연주는 하나하나의 음이 각각 정해진 곡조를 지켜야 듣는 이들의 마음을 사로잡을 수 있다. 음정이 어긋나면 순식간에 귀를 괴롭히는 소음이 되어버린다. 아폴론은 악기를 연주하며 무사이 여신의 합창을 지휘했고, 그 과정에서 "무엇이든 지나치게 하지 말라(meden agan)"는 델포이의 격언을 몸소 보여주며 인간들에게 다시 한 번 깨달음을 전하려 했던 셈이다.

칼리오페　　클레이오　　에우테르페　　탈리아

테르프시코레　멜포메네　폴리힘니아　　에라토　　우라니아

아아, 위대하신 제우스여～♪

아폴론과 음악으로 승부를 겨룬
어리석은 자 마르시아스

음악의 신 아폴론이 분수를 지키지 않는 행동을 얼마나 가차 없이 벌하는지, 그에게 음악으로 승부를 걸었다 잔혹하기 그지없는 벌을 받은 어리석은 자의 이야기로 알 수 있다.

어느 날, 아테나가 기술의 여신으로서 특기를 발휘해 피리를 발명했고 신들의 연회 자리에서 시험 삼아 피리 연주를 선보였다. 그러자 헤라와 아프로디테가 피리를 부느라 뺨을 잔뜩 부풀린 아테나의 얼굴이 우스꽝스럽다고 놀리며 마구 웃어댔다.

심통이 난 아테나는 현재의 터키 북서부인 프리기아(Phrygia)까지 가서 피리를 부는 자신의 얼굴을 강물에 비춰 보았다. 물에 비친 자신의 모습이 헤라와 아프로디테가 말한 대로 꼴사나워 보였기에 아테나는 망측한 물건을 발명한 자신을 탓하며 후회했다.

'이렇게 말썽만 일으키는 악기는 아무도 쓰려고 하지 않을 테니 그냥 버리자. 만약 세상 무서운 줄 모르고 주워서 쓰는 자가 있다면 따끔한 벌을 받으라지.'

아테나는 피리를 그대로 팽개치고는 하늘로 돌아갔다.

아테나가 떠난 후, **마르시아스**(Marsyas)라는 사티로스가 근처를 지나갔다. 사티로스는 상반신은 인간의 몸이지만 두 다리가 말의 다리에 꼬리가 달려 있고, 귀도 말의 형상을 한 익살스러운 정령이다. 호기심 많은 마르시아스는 버려진 피리를 주워 들고 한참을 만지작거리다 어떤 곡이든 뜻대로 불 수 있을 정도로 연주 실력을 갈고닦았다.

마르시아스는 금세 우쭐해져서 자신이 세계 최고의 음악가라고 떠벌리며 음악의 신 아폴론에게 호기롭게 도전장을 던졌다.

"승부에 진 사람은 이긴 사람이 시키는 대로 따라야 한다."

아폴론은 한 가지 조건을 내걸고 마르시아스의 도전을 받아들였다.

아폴론이 타는 리라와 마르시아스가 부는 피리 소리는 각기 음색이 달라 우열을 가리기 어려웠다. 그러자 아폴론은 뜬금없이 리라를 거꾸로 들더니 아무렇지도 않게 아름다운 음악을 연주해 보이며 마르시아스에게도 똑같이 해보라고 요구했다. 그러나 리라와 달리 피리는 거꾸로 들고 연주할 수 없는 악기다. 이렇게 마르시아스의 패배가 결정되자 아폴론은 그를 포박해 소나무에 거꾸로 매달았다.

주세페 리베라 〈아폴론과 마르시아스〉 산마르티노 미술관 소장(이탈리아)

"고작 악기 연주로 승부를 건 정도로 이렇게 심한 벌을 내리시다니, 소인은 너무 억울하옵니다!"

마르시아스는 마구 울부짖었다. 하지만 아폴론은 무자비하게 산 채로 마르시아스의 가죽을 벗겨내는 끔찍한 형벌을 집행했다.

그 자리에서 둘의 승부를 지켜보던 정령과 님프, 인간 농부와 목동들은 모두 마르시아스가 겪는 비참한 고통을 동정하며 펑펑 울었고, 그들이 흘린 눈물이 프리기아를 흐르는 마르시아스 강이 되었다는 이야기가 오늘날까지 전해진다.

아내를 저승에서 데려오려던
천재 음악가

무사이 자매의 맏언니 칼리오페는 오이아그로스(Oeagrus)와 결혼했다. 오이아그로스는 트라키아의 왕이자, 그 지방을 흐르는 강의 신이기도 했다. 둘 사이에 **오르페우스**(Orpheus)라는 천재 음악가가 탄생했다.

음악적 재능을 타고난 오르페우스는 인간이 연주할 수 있는 최초의 하프를 발명했다. 또 본래 일곱 줄이었던 하프의 현을 자신의 어머니와 숙모인 무사이 여신의 수에 맞추어 아홉 줄로 늘려 하프를 개량했다.

당시 그리스 동북쪽에 있던 트라키아라는 나라에는 난폭한 야만인들이 살았다. 오르페우스가 하프를 타며 연주에 맞추어 즉흥시를 읊자 야만스러운 트라키아인들도 아름다운 선율에 감동해 싸움을 멈추고 음악에 귀를 기울였다.

오르페우스의 음악은 인간에게만 감동을 준 것이 아니었다. 새와 짐승들도 오르페우스 주위에 모여들어 노래와 연주에 귀를 기울였고, 풀과 나무까지 절묘한 연주에 맞추어 흔들흔들 움직이며 오르페우스 주위로 줄기와 가지를 뻗고 나부꼈다.

오르페우스는 **에우리디케**(Eurydike)라는 아리따운 님프와 결혼했는데, 아내를 이 세상에 둘도 없는 보물처럼 아끼고 사랑했다. 그런데 이 행복한 결혼 생활은 오래가지 못했다. 에우리디케가 독사에 물려 덧없이 세상을 떠나고 말았던 것이다.

"아아, 하늘도 무심하시지. 에우리디케 없는 삶은 아무 의미가 없는데……."

비탄에 잠긴 오르페우스는 죽은 아내를 되살려 지상으로 데려오겠다고 마음먹고, 하프를 연주하고 노래를 부르며 홀로 저승길에 올랐다. 그러나 제아무리 오르페우스라고 해도 산 사람은 망자의 나라에 들어갈 수 없다는 지엄한 세상의 이치를 거역할 수 없는 법. 저승으로 들어가려는 오르페우스의 앞길을 문지기 개가 가로막았다. 저승의 입구는 **케르베로스**(Cerberus)라는 머리 셋 달린 개가 지키고 있었다. 케르베로스는 몸에서 뱀이 자라나 꿈틀거리는 무시무시한 파수꾼으로, 산 자는 들어가지 못하게 막고 망자는 탈출하지 못하도록 여섯 개나 되는 눈을 번뜩이며 감시했다.

그런데 이 끔찍한 케르베로스도 오르페우스의 노래와 연주에 홀려 임무를 잊고 그를 들여보내 주었다. 마찬가지로 다른 마물들

프랑수아 페리에 〈플루톤(하데스)과 페르세포네 앞의 오르페우스〉루브르 미술관 소장(프랑스)

도 모두 감미로운 선율에 취해 오르페우스의 앞길을 막아설 생각조차 하지 못했다.

　오르페우스는 이렇게 저승의 왕 하데스와 그의 왕비 페르세포네 앞까지 갈 수 있었다. 그리고 하데스와 페르세포네 앞에서 다시 하프를 타고 노래를 부르면서 사랑하는 아내와 헤어진 슬픔을 애절하게 노래했다. 그는 에우리디케를 지상으로 데려갈 수 있게 허락해 달라고 간곡히 애원했다.

　무정한 저승의 지배자도 오르페우스의 연주와 애원에 마음이 움직였고, 간곡히 오르페우스가 에우리디케를 데리고 돌아가도 좋다는 허락이 떨어졌다.

오르페우스의 실패와
오르페우스교

오르페우스가 에우리디케를 지상으로 데려가기 위해서는 한 가지 조건을 지켜야 했다.

"아내를 무사히 데려가고 싶다면 반드시 약속을 지켜야 해요. 지상에 이를 때까지 아내의 앞에서 걷고, **절대 뒤에 있는 아내를 돌아보려고 해서는 안 됩니다.** 만약 이 금기를 깨면 에우리디케는 저승에 남고, 당신은 혼자서 지상으로 돌아가야 한답니다."

페르세포네는 오르페우스에게 신신당부했다.

아내를 데리고 돌아가도 좋다는 허락을 받은 오르페우스는 기뻐서 어쩔 줄 몰랐다. 페르세포네가 시키는 대로 에우리디케에게 뒤를 따르게 하고, 자신은 앞장서서 씩씩하게 지상으로 향했다.

그런데 에우리디케는 황천에 있는 동안 발자국 소리 하나 나지 않는 망령의 몸이 되어버렸다. 그래서 오르페우스가 아내가 잘 따라오고 있는지 기척을 느끼려고 귀를 쫑긋 세워도 아무 소리도 들리지 않았다. 지상으로 가는 발길을 재촉하면서도 오르페우스는 아내가 정말로 자신을 따라오고 있는 건지 불안해서 견딜 수가 없었다. 이윽고 불안으로 가슴이 터질 듯한 오르페우스는 결국 뒤를 돌아보고야 말았다.

에우리디케는 착실하게 뒤를 따라오고 있었다. 하지만 오르페우스에게 모습을 보인 에우리디케는 절망에 빠져 허공에 손을 내밀며 영원한 이별을 고하더니 홀연히 사라졌다. 사랑하는 아내와 가슴 아프게 이별한 오르페우스는 지상으로 홀로 돌아왔고, 아내를 그리워하며 다른 여자에게는 눈길 한 번 주지 않았다.

오르페우스의 잘생긴 외모와 출중한 노래 실력은 트라키아 여자들의 마음을 흔들어 놓았지만, 야속한 오르페우스는 여자들의 마음을 무시했다. 사랑과 미움은 종이 한 장 차이인 법, 오르페우스를 사랑했던 만큼 미움도 컸다. 사랑은 증오로 변했고, 오르페우스에게 거절당해 상처 입은 여인네들이 몰려들어 오르페우스를 갈기갈기 찢어 죽이고는 시신을 하프와 함께 강에 던져 넣었다.

오르페우스의 머리와 하프는 바다로 흘러가 파도를 타고 레스보스(Lesbos) 섬으로 표류했고, 섬사람들은 그의 시신을 정성껏 장사 지내주었다. 이후 무덤에서 리라 소리와 노래가 흘러나왔고 아름다운 선율 덕분에 레스보스 섬은 여류시인 사포 등 뛰어난 시인을 배출하는 예술의 섬으로 거듭났다.

귀스타브 모로 〈오르페우스〉 오르세 미술관 소장(프랑스)

참고로, 오르페우스는 저승에서 돌아온 후 비밀 의식과 계율을 정해 그 의식과 계율을 지키며 생활하는 사람에게 오로지 자신만 아는 사후 세계의 비밀을 전수해주었다고 한다. 그 가르침은 **오르페우스교**라 불리는 종교로 발전했고, 훗날 철학자인 플라톤 등에게도 많은 영향을 주었다.

어머니 가이아와
아들 우라노스에게서 태어난 자식들

태초에 신들보다 먼저 **카오스**가 존재했다. 카오스는 만물 사이에 아무 구별도 없이 모든 것이 어지러이 뒤섞인 거대한 심연으로, 오늘날까지 완전히 사라지지 않고 세상 끝에서 커다란 구멍처럼 뻐끔 입을 벌리고 있다. 지금 우리가 사는 세상은 사물과 사물 사이에 확실한 구별이 있다. 즉, 우리는 고대 그리스인이 코스모스라 불렀던 질서가 성립된 세계에 살고 있다. 하지만 코스모스는 다시 카오스에 집어삼켜져 소멸할 위험에 끊임없이 노출되어 있다. 제우스를 비롯한 올림포스 신들은 호시탐탐 코스모스를 집어삼키려는 카오스에 맞서 싸우며, 코스모스를 유지하는 일을 가장 중요한 과업으로 삼았다.

카오스에 이어 대지의 여신 **가이아**와 **타르타로스**(Tartarus), **에로**

스(Eros)가 태어났다. 타르타로스는 남신으로 크로노스와 티탄 일족이 제우스와의 싸움에 패한 후 티탄들을 타르타로스에 가두었다. 타르타로스는 땅속 깊숙한 곳에 있는 깜깜한 어둠의 세계로, 세계에 해를 끼치는 악신이나 마물을 던져 넣고 벌하는 지하 감옥으로 활용되곤 했다.

암흑으로 묘사되는 타르타로스와 달리 에로스는 눈부신 사랑의 신이다. 사랑은 아름다운 대상을 보았을 때 생기는 감정인지라, 에로스는 미남미녀가 가득한 천상에서도 한눈에 들어오는 훤칠하게 잘생긴 청년으로 그려진다. 남녀를 이어주고 자손을 낳게 해주는 에로스의 힘은 세계 유지에 반드시 필요하다. 따라서 에로스는 가장 오래된 신 중 하나로 천지창조와 함께 태어나야 마땅하다.

세 명의 신이 태어난 후 카오스는 에레보스(Erebus)와 닉스(Nyx)라는 두 아이를 낳았다. 에레보스는 지하의 암흑을 상징하는 남신이고, 닉스는 불길한 밤의 여신이다. 에로스는 둘을 맺어주었고, 이 세상 최초의 결혼으로 지상을 비추는 빛보다 청아한 천공의 신 아이테르(Aether)와 낮의 여신 헤메라(Hemera)라는 부모와는 정반대의 성질을 지닌 자식들이 태어났다. 이들의 탄생으로 낮과 밤, 지하의 어둠과 천상의 빛이라는 시간과 공간의 구별이 생겨났다.

한편, 대지의 여신 가이아는 에로스의 힘을 빌리지 않고, 즉 누구와도 부부의 연을 맺지 않고 천공의 신 **우라노스**(Ouranos)와 산과 들 그리고 해신 **폰토스**(Pontos)를 낳았다. 이렇게 하늘과 땅, 산과 들, 바다와 육지의 구별이 생겨났다. 이후 가이아는 우라노스와 결

혼해 티탄 일족이라 부르는 여섯 아들과 딸을 낳았다. (오케아노스와
아내 테티스, 히페리온과 아내 테이아, 이아페토스, 므네모시네, 테미스, 코이오스와
아내 포이베, 크리오스, 크로노스와 아내 레아)

　티탄 일족을 낳은 가이아는 이어서 괴물처럼 섬뜩한 아들들을
낳았다. 제일 먼저 **키클롭스**(외눈박이)라는, 이마 한가운데 눈이 있는
세 명의 거인이 태어났다. 이
어서 **헤카톤케이르**(백 개의 손)라
는 집채 같은 몸집에 오백 개
의 머리와 일당백의 괴력을 가
진 무서운 괴물을 셋씩이나 낳
았다. 우라노스는 이 꺼림칙한
자식들을 마뜩치 않게 여겨,
태어나자마자 꼼짝도 할 수 없
도록 꽁꽁 묶어 어머니 가이아
의 배 속인 지하 깊은 곳에 가
두어버렸다.

우라노스의 거세와
아프로디테의 탄생

설령 괴물이었다고는 하지만 우라노스가 배 아파 낳은 자식에게 보여준 냉대에 가이아는 정나미가 떨어졌다. 어미의 배 속에 자식들을 가둔 우라노스의 몹쓸 처사에 앙심을 품은 가이아는 수모를 되갚아주기로 결심했다.

가이아는 **아다마스**(adamas)라는 단단한 금속을 낳아 톱처럼 들쭉날쭉한 날이 달린 거대한 낫을 벼려냈다. 그리고 그 낫으로 우라노스를 벌하라고 티탄들에게 명령했다. 티탄들은 오랫동안 가이아의 명령에 따르지 않고 몸을 사렸지만, 결국 막내 크로노스가 자청해서 거사를 진행하기로 했다.

가이아는 크로노스에게 낫을 쓰는 법을 가르치고 매복하게 했다. 우라노스가 가이아에게 욕정을 품고 지상으로 내려와 여신을 덮치려 하자, 크로노스는 왼손으로 아버지의 성기를 잡고 오른손에 든 낫으로 뎅겅 베어내어 던져버렸다.

우라노스의 거세된 성기는 바다에 떨어졌지만, 불사신 몸의 일부였기에 시들지 않고 바다 위를 떠돌았다. 바다 위를 이리저리 떠돌던 우라노스의 성기에서 하얀 거품이 콸콸 쏟아져 나왔고, 이윽고 거품 속에서 아름다운 여자아이가 태어났다. 그 여자아이는 거품에 감싸인 채 바다 위를 둥둥 떠다니며 절세미녀로 자라났다. 거품에서 태어난 여자아이가 바로 미와 사랑의 여신 **아프로디테**다.

서풍의 신 제피로스가 이 거품에 입김을 불어넣자 거품은 둥실둥실 동쪽으로 이동했다. 거품은 마침내 그리스 본토 남쪽 연안을 통과해 계속 동쪽으로 나아갔고, 지중해 동쪽 끝에 있는 키프로스섬에 도착했다.

아프로디테가 벌거벗은 몸으로 거품에서 나와 섬에 올라서자 발을 딛는 곳마다 푸르른 풀이 돋아나고 화사한 꽃이 흐드러지게 피어났다. 어느새 계절의 여신 호라이가 아프로디테를 모시러 마중 나왔다. 호라이 여신들은 아프로디테에게 활짝 핀 꽃으로 장식한 날개옷을 입히고, 왕관을 씌우고, 귀걸이를 달아주고, 목걸이를 거는 등 분주하게 치장해 여신의 매력을 한껏 북돋아 주었다. 그리고 마침내 몸단장을 마친 미의 여신을 천상의 신들 앞으로 데려갔다. 아프로디테의 첫 올림포스 나들이에는 사랑의 신 **에로스**와 욕망의 신 **히메로스**가 동반했다.

신들은 아프로디테의 아름다움에 첫눈에 반해 탄성을 내질렀

산드로 보티첼리 〈비너스의 탄생〉 우피치 미술관 소장(이탈리아)

다. 불난 집에 기름을 붓는 격으로 여신을 호위하고 온 에로스와 히메로스가 신들의 마음에 격렬한 사랑과 욕망의 불길을 당겼기에, 남신 중에 아프로디테에게 반하지 않은 이가 없었다.

내
소중한
것이…

올림포스의
열두 신들

아프로디테를 호위해 함께 천상으로 올라온 에로스는 그때부터 여신을 자신의 어머니처럼 애틋하게 여기며 한집에서 모시고 살았다. 에로스는 아프로디테보다 먼저 태어난 선배 신이었지만, 엄마 치마꼬리를 잡고 쫓아다니는 아이처럼 아프로디테를 졸졸 따라다녔기에 종종 아프로디테의 아들로 그려지곤 한다.

새로 태어난 아프로디테가 가담하며 고대 그리스인이 '올림포스 열두 신'이라 불렀던 주요 신들의 면면이 갖추어졌다. **제우스**와 그의 아내 **헤라**, 제우스의 형이자 바다의 신인 **포세이돈**, 제우스의 누이이자 화덕과 난로의 여신 **헤스티아**와 농업의 여신 **데메테르**, 제우스의 딸 **아테나**, **아르테미스**, **아프로디테** 그리고 아들 **아폴론**, **아레스**, **헤파이스토스**, **헤르메스**다.

고대 로마인들은 라틴어로 이름을 바꾸어 부르며 그리스 신화의 신들을 숭배했다. 그래서 서양미술과 문학 작품 속에서는 이들 신들이 라틴어 이름으로 등장하는 경우가 많다. 또 라틴어 이름을 영어식으로 읽는 경우도 많다. 참고로 열두 신의 이름을 표로 정리해두었다. 영어식 이름을 자주 사용하는 경우에는 라틴어 표기 오른쪽에 덧붙였다.

이어서 지금까지 이야기 속에 등장한 다른 신들의 이름도 참고 삼아 같은 방식으로 정리해 두었다.

그리스어 이름	라틴어 이름	영어식 표기
제우스	유피테르	주피터
헤라	유노	주노
포세이돈	넵투누스	넵튠
헤스티아	웨스타	베스타
데메테르	케레스	
아테나	미네르바	미나바
아폴론	아폴론	
아르테미스	디아나	다이애너
아레스	마르스	마스
헤파이스토스	우르카노스	불칸
아프로디테	베누스	비너스
헤르메스	메르쿠리우스	머큐리

그리스어 이름	라틴어 이름	영어식 표기
에로스	큐피도	큐피드
크로노스	사투루누스	사탄
하데스	디스	
페르세포네	프로세르피나	
모이라	파르카	
카리스	그라티아	그레이스
무사	무사	뮤즈
판	파우누스	폰

올림포스 열두 신에 속할 정도로 쟁쟁한 신임에도 **헤스티아**는 지금까지 이야기에 한 번도 등장하지 않았다. 헤스티아는 중요한 여신이지만 신화 속에서 활약하는 모습은 찾아보기 어렵다.

고대 그리스 건물은 왕궁도, 신전도, 일반주택도 메가론(Megaron) 이라 불렀던 직사각형 거실을 중심으로 지어졌고, 그 거실 한가운데 반드시 동그스름한 둔덕 모양의 화덕이 자리 잡고 있었다. 헤스티아는 이 화덕과 그 안에서 타오르는 불을 다스리는 여신이다. 그래서 온 세상을 누비며 활약하는 다른 신들과 달리 어지간해서는 바깥나들이를 하지 않았다.

고대 그리스인들은 화덕과 그 안에서 타오르는 불을 '절대 더럽혀서는 안 된다'고 믿었다. 그래서 그리스 신화 속 헤스티아도 순결을 지키는 처녀 여신으로 남았다. 포세이돈과 아폴론이 헤스티아에게 청혼했지만 헤스티아는 영원히 처녀로 살겠다고 서약한 다음 제우스에게 허락을 받아 순결을 지킬 수 있었다고 한다.

화덕 속의 헤스티아

제2장

제우스의
왕권 확립

티탄들에게서
태어난 신들

천공의 신 우라노스는 아들 크로노스에게 거세당해 대지의 여신 가이아의 남편 구실을 할 수 없게 되었다. 그래서 이후 크로노스가 신들의 왕으로 티탄과 더불어 세계를 다스렸다.

우라노스가 지상에 강림할 수 없게 되자 운신이 자유로워진 티탄들은 장가를 가서 줄줄이 자식을 거느렸다. 티탄 중에서 맏형이었던 오케아노스는 대지 주위를 감싸고 흐르는 거대한 담수 강으로 전 세계의 강과 샘의 수원이다. **오케아노스**는 테티스를 아내로 맞아들여 둘 사이에 삼천 명에 달하는 강의 신과 오케아니데스라는 삼천 명의 아름다운 물의 여신들을 낳았다.

오케아니데스 자매의 큰언니는 땅속 깊은 저승에서 솟아나는 **스틱스** 샘으로, 그리스인들은 오케아노스에서 흘러 나가는 물의 십

장 오귀스트 도미니크 앵그르〈제우스와 테티스〉그라네 미술관 소장(프랑스)

분의 일이 스틱스로 흘러든다고 믿었다.

제우스가 티탄들과 한판 승부를 벌일 때 자신의 편에 가담할 무리를 올림포스 산에 모았는데, 이때 스틱스는 아버지 오케아노스의 권유에 따라 한달음에 달려왔다. 이에 제우스는 "스틱스에 맹세하면 설령 신이라도 깨뜨릴 수 없다"는 특권을 부여했다. 스틱스의 활약 덕분에 오케아노스도 제우스가 티탄과의 전쟁에 승리한 후에도 다른 티탄들과 달리 벌을 받지 않았고, 이후로도 세계의 강과 샘의 수원 역할을 굳건히 지킬 수 있었다.

오케아니데스 자매 중에는 스틱스 외에도 중요한 여신이 있다. 제우스의 첫 아내가 되어 아테나를 잉태했던 지혜의 여신 메티스다. 오케아노스에게 버림받았던 기술의 신 헤파이스토스를 테티스와 함께 거두어들여, 훗날 제우스의 연인으로서 미의 여신 카리테스를 낳은 물의 여신 **에우리노메**도 빼놓을 수 없다. 티탄인 히페리온은 누이 테이아와 맺어져 둘 사이에 태양신 **헬리오스**와 달의 여신 **셀레네**, 새벽의 여신 **에오스**가 태어났다. 헬리오스는 아침이 오면 세계의 동쪽 끝에 있는 황금 궁전에서 네 필의 말이 끄는 수레를 타고 출발해 저녁에는 서쪽 끝에 내린다. 그는 거대한 황금 술잔에 마차와 함께 올라 오케아노스 위를 항해해 궁전으로 돌아와 다음 날 아침까지 쉬는 일과를 매일 반복했다. 밤 동안 헬리오스를 대신해 셀레네가 두 필의 말이 끄는 수레에 올라 하늘을 가로지른다. 후대 신화에서는 아폴론과 아르테미스가 태양과 달의 신으로 그려지지만, 본래 태양과 달은 헬리오스와 셀레네의 몫이었다.

아버지 크로노스와
아들 제우스의 싸움

티탄들의 왕이 된 크로노스는 누이인 레아와 결혼했지만 근심
이 끊이지 않았다.

"크로노스가 아비 우라노스에게서 세계의 지배자 지위를 빼앗
았듯, 그 역시 레아가 낳은 자식들에게 신의 왕위를 박탈당할 운명
이다."

가이아 여신의 예언이 크로노스의 머릿속을 내내 맴돌며 가슴
을 답답하게 짓눌렀고, 그의 시름은 나날이 깊어갔다. 고뇌하던 크
로노스는 불안의 씨앗을 아예 없애버릴 작정으로 레아가 자식을
낳는 족족 집어삼켜 버렸다.

하지만 운명의 장난으로 레아가 마지막에 낳은 제우스는 태어
나자마자 대지의 여신 가이아가 빼돌려 크레타 섬 바위굴에 숨겨

두었다. 제우스는 토지의 님프들의 손에 키워져 성장했고, 메티스의 가르침에 따라 크로노스를 속여서 구토제를 먹여 배 속에 들어 있던 형들과 누나들을 토해내게 했다.

이후 제우스는 형인 포세이돈과 합심해 힘을 보태줄 신들을 모았고, 그때까지 세계를 지배하던 크로노스와 티탄들과 전쟁을 개시했다. '티타노마키아'라 부르는 이 전쟁은 십 년에 걸쳐 지루하게 계속되었지만 좀처럼 결판이 나지 않았다. 양측이 오래도록 힘겨루기에 골몰하자, 보다 못한 가이아가 제우스에게 슬쩍 귀띔해 주었다.

"지하에 갇혀 있는 키클롭스와 헤카톤케이르를 지상으로 데려와 네 편으로 만들면 티탄들과의 싸움에서 이길 수 있단다."

노회한 할머니 가이아의 조언에 따라 제우스는 포세이돈과 하데스와 함께 지하로 내려가 괴물 삼촌들을 속박에서 풀어내 태양 아래로 데려왔다.

자유의 몸이 된 괴물들은 제우스에게 감사하며 그의 든든한 지원군이 되어주었고, 솜씨 좋은 대장장이였던 키클롭스들은 강력한 무기를 담금질해 제우스와 그의 형들에게 바쳤다. 제우스는 무적의 위력을 지닌 **번개**를 받았고, 포세이돈은 **삼지창**을, 하데스는 머리에 쓰면 모습을 감출 수 있는 **투구**를 선물 받았다.

헤카톤케이르들은 전장으로 달려가 백 개나 되는 억센 팔로 거대한 바위를 집어 들어 티탄들에게 소낙비처럼 퍼부었다. 제우스가 번개를 내리치자 순간적으로 눈이 보이지 않게 된 티탄은 헤카톤케이르들이 한 번에 삼백 개나 되는 바위를 던져대자 피하지 못하고 납작 깔리고 말았다. 빗발처럼 쏟아진 바위에 깔려 제압당한 티탄들은 결국 백기를 들고 항복했다.

헤카톤케이르들은 티탄들을 꽁꽁 묶어 땅속 깊은 곳에 있는 타르타로스에 가두어버렸다. 제우스는 지하와 인연이 깊은 포세이돈에게 타르타로스의 입구를 청동 문과 벽으로 봉인하게 해 안에 갇힌 티탄들이 나오지 못하도록 확실하게 문단속까지 마쳤다. 그리고 헤카톤케이르들은 문지기와 간수 역할을 맡아 지하에서 새로운 삶의 터전을 마련했다.

대지의 여신
가이아의 분노

제우스와 맞서 싸웠던 티탄 중에서 특히 버거운 상대는 **아틀라스**(Atlas)였다. 아틀라스는 이아페토스(Iapetus)라는 티탄과 오케아니데스 자매 중 한 사람인 클리메네(Clymene)의 큰아들이었다.

엄청난 거구에 괴력을 지닌 아틀라스를 제압하기 위해 제우스는 특별한 벌을 마련했다. 바로 세계의 서쪽 끝에 서서 하늘이 떨어지지 않도록 머리와 두 팔로 한시도 쉬지 않고 떠받쳐야 하는 가혹한 형벌이었다.

아틀라스가 벌을 받던 곳 근처에는 낙원이 있고, 제우스가 헤라와 결혼할 때 가이아가 선물로 심어준 눈부신 황금열매를 맺는 사과나무가 자라고 있었다. 인간의 발길이 허락되지 않은 그 낙원에는 헤스페리데스(Hesperides)라는 저녁노을의 님프들이 살고 있었다.

그들은 암브로시아가 솟는 샘 주위에서 손을 잡고 빙글빙글 돌며 노래를 부르고 춤을 추면서 무서운 용과 함께 나무를 지켰다.

제우스는 티탄 일족을 성공적으로 토벌하고 올림포스 신들의 왕으로 세계를 지배하게 되었다. 그러나 티탄들을 타르타로스에 유폐한 제우스의 처사에 가이아의 기분이 언짢아졌다. 티탄들 역시 가이아가 배 아파 낳은 소중한 자식들이었기 때문이다.

가이아는 예전에 우라노스와 크로노스에게 했듯 제우스의 손에 쥐여주었던 세계의 지배자의 지위를 도로 빼앗을 계략을 세웠다. 가이아는 보기만 해도 소름이 돋는 무서운 괴물 자식들을 줄줄이 낳아 제우스와 맞서 싸우게 했다.

가이아는 **기간테스**(Gigantes)라는 거인들을 제일 먼저 낳았다. 기간테스들의 아버지는 우라노스였다. 크로노스가 우라노스를 거세했을 때 솟구친 피는 대지로 스며들었고, 그 피로 잉태했던 가이아는 오랜 세월에 걸쳐 야금야금 여러 아이를 낳았다. 기간테스도 가이아와 우라노스의 피로 수태한 자식들이다.

기간테스는 거대한 몸과 괴력을 지닌 거인으로 두 다리는 뱀의 형상을 하고 있다. 기간테스는 가이아의 배 속에서 나오자마자 우레와 같은 함성을 지르며 불붙은 초목과 산처럼 거대한 바위를 하늘을 향해 내던지면서 신들에게 선전포고를 했다.

제우스는 올림포스 신들과 당시에는 아직 인간에 머물렀던 영웅 헤라클레스의 도움을 얻어 거인들을 무찔렀다.

괴물 티폰과의
싸움

    거인들은 제우스와의 싸움에서 속절없이 무너졌지만, 가이아는 단념하지 않고 최후의 수단으로 암흑을 다스리는 신 타르타로스와 결탁해 티폰(Typhon)이라는 섬뜩한 괴물을 낳았다. 티폰은 똑바로 서면 머리가 하늘에 닿고, 양팔을 벌리면 한쪽 손은 세계의 동쪽 끝에, 다른 한 손은 서쪽 끝에 닿을 정도로 거대한 괴물이다. 상반 신은 얼추 인간의 꼴을 갖추고 있었지만 어깨에서는 백 마리나 되는 뱀의 머리가 꿈틀거리고 있었고, 허리부터 아래는 똬리를 튼 구렁이의 형상으로 온몸에 깃털이 돋아나 있었다.

    티폰은 수없이 많은 눈과 입으로 불을 내뿜으면서 활활 불타는 바위덩이를 던지며 하늘을 향해 돌진했다. 소름 끼치는 괴물의 모습을 본 제우스 이외의 신들은 간담이 서늘해져 올림포스에서 퇴각해 이집트로 줄행랑을 쳤다. 이집트로 피신한 신들은 티폰에게 발각되지 않으려고 다양한 동물로 둔갑해 몸을 숨겼다. 이후 이집트에서는 동물 형상을 한 신들을 섬기게 되었다고 한다.

다른 신들은 모두 도망쳤지만 제우스는 홀로 이 괴물과 맞서 싸울 결의를 다졌다. 제우스는 번개를 내리치며 티폰에게 서서히 다가가 주의를 분산시켰고, 기회를 포착해 낫으로 내리쳐 티폰에게 중상을 입혔다. 제우스는 부상을 입고 도망치는 티폰을 시리아까지 쫓아가 사로잡은 다음 최후의 일격을 가해 티폰의 숨통을 끊어놓으려 했다. 그런데 제우스가 방심한 틈을 타 티폰은 아랫도리로 똬리를 틀어 제우스를 칭칭 옭아맸고, 수세에 몰린 제우스는 낫을 빼앗기고 말았다. 제우스에게 낫을 빼앗은 티폰은 제우스의 팔다리 힘줄을 잘라버렸다.

티폰은 저항할 수 없게 된 제우스를 오늘날 터키 남동부에 위치한 트리키아 지방까지 끌고 가 바위굴에 가두고는 델피네(Delphyne)라는 상반신만 인간 여자의 모습을 한 용에게 지키게 했다.

까딱하면 목숨을 잃을 위기에 처한 제우스였지만 도둑질 재능을 타고난 헤르메스라는 아들을 둔 덕분에 목숨을 부지하고 위기를 모면할 수 있었다. 헤르메스는 아들인 판과 손을 잡고 제우스를 바위굴에서 구출했다. 헤르메스 부자는 제우스를 감시하던 용을 속여 곰 가죽으로 감싸 숨겨두었던 힘줄을 제우스에게 돌려주었고 제우스는 원래의 힘을 회복했다.

기운을 차린 제우스는 하늘로 올라가 방심한 티폰에게 번개를 내리쳤다. 티폰은 화들짝 놀라 꽁무니를 빼려 했지만, 제우스는 공격의 고삐를 바짝 죄어 번개를 마구 퍼부으며 바짝 추격했다.

티폰을 궁지에 몬 제우스는 시칠리아 섬 동쪽 끝에 있던 에트나 산을 던졌고, 티폰은 산 아래에 납작 깔리고 말았다. 티폰은 산에 깔려 옴짝달싹할 수 없게 되었지만 죽지 않고 여전히 불을 내뿜었다. 그래서 오늘날까지 이탈리아에 있는 **에트나 산**은 지금도 이따금 불과 용암을 내뿜으며 아래에 깔린 티폰의 건재를 과시한다고 한다.

승리를 차지하고
영원히 신들의 주인이 된 제우스

　가이아의 비장의 병기였던 가공할 괴물 티폰을 제압한 제우스는 할아버지 우라노스나 아버지 크로노스와 다른 신세대 신이었다. 제우스는 스스로의 힘으로 가이아조차 섣불리 교체할 수 없는 신들의 왕임을 증명했다.

　그때까지 가이아는 우라노스, 크로노스, 제우스까지 삼 대에 걸쳐 세계를 제패하는 신들을 내키는 대로 갈아치웠던 숨은 실세였다. 가이아는 제일 먼저 자신의 아들이었던 우라노스를 남편으로 삼아 세계의 지배자 자리에 앉혔고, 이어서 크로노스에게 명해 지아비인 우라노스를 거세시키고 크로노스를 왕좌에 앉혔다. 그리고 갓 태어난 제우스를 뒤에서 도와 티탄 일족과의 전쟁에서 승리할 때까지 적절한 원조를 제공해 제우스를 신들의 왕으로 만들었다.

그때까지 세상은 지배자인 남성도 가이아 여신의 뜻을 거스르면 자리를 보존할 수 없는 구조로 돌아갔다. 쉽게 말해 실제로 세계를 쥐락펴락한 일종의 비선 실세가 가이아였던 셈이다.

그러나 제우스의 승리로 가이아는 실세 자리에서 물러나 제우스에게 실권을 물려주고 뒷방마님 자리로 만족해야 했다. 가이아는 제우스에게서 왕좌를 빼앗을 수 없음을 깨닫고는 제우스의 전능한 힘을 인정하였고, 권력 투쟁에서 깨끗이 손을 털기로 했다. 이후 제우스는 올림포스 신들의 왕이 되어 영원히 세계를 지배하게 되었다.

확고한 세계의 지배자 지위를 구축한 제우스는 더 이상 적수가 될 수 없는 티탄들을 타르타로스에서 풀어주었다.

고대 그리스인들은 세계의 끝에 **행복의 섬**이라는 낙원이 있고, 그곳에서 제우스의 총애를 받았던 영웅들이 사후의 삶을 살며 최고의 행복을 누리게 된다고 믿었다.

제우스는 크로노스와 화해한 후에 그를 이 섬에 사는 영웅들의 왕의 자리에 앉혔다고 한다.

제3장

열두 신 이후에
덧붙여진 신,
디오니소스

제우스의 허벅지에서 탄생한
남색의 신

올림포스의 열두 신이 자리를 잡은 후, 제우스는 결코 열두 신에 뒤떨어지지 않는 중요한 신이 될 아들 두 명을 더 탄생시켰다. 하나는 **디오니소스**(Dionysos)이고, 다른 하나는 **헤라클레스**이다. 둘 모두 인간 여성을 어머니로 두었다는 점에서 출생 배경부터 다른 신들과 달랐다.

디오니소스의 어머니는 **세멜레**(Semele)라는 테베 공주였다. 테베 도시를 건설한 초대 왕이었던 카드모스라는 영웅은 인간이면서 아레스와 아프로디테의 딸인 하르모니아(Harmonia)라는 여신과 결혼했다. 세멜레는 이 결혼으로 태어난 자식들 중 하나였다.

세멜레의 미모를 보고 군침을 삼키던 제우스는 그녀를 자신의 것으로 만들었고, 세멜레의 배 속에 디오니소스가 들어섰다. 남편의 외도를 알아차린 헤라는 울화통이 터졌다. 남편의 화려한 여성 편력이 지긋지긋해진 헤라는 못된 버릇을 고쳐놓기 위해 팔을 걷어붙이고 복수에 나섰다. 헤라 여신은 곧장 세멜레를 키워준 유모의 모습으로 변장하고는 테베 왕궁으로 내려갔다. 세멜레는 유모로 변장한 헤라에게 자신이 제우스의 아이를 가졌다고 털어놓았다. 그러자 헤라는 세멜레를 부추겼다.

"아가씨, 그 수상쩍은 남자가 정말로 제우스인지 확인해보셔야 하지 않겠습니까?"

헤라는 충심에서 우러난 충고인 양 은근슬쩍 세멜레에게 간교한 술책을 일러주었다.

"다음번에 그 남자가 오거든 스틱스 샘에 대고 아가씨의 부탁은 무엇이든 들어주겠다고 맹세하게 한 다음, 정말로 제우스라면 본모습을 보여달라고 부탁하세요."

헤라를 유모라고 철석같이 믿었던 세멜레는 그녀의 조언을 감사히 받아들였다. 순진한 세멜레는 제우스가 찾아오자 유모가 시키는 대로 했다. 그러나 세멜레의 부탁을 들은 제우스는 펄쩍 뛰며 그녀를 만류했다.

"내가 정체를 드러내면 네가 죽는다!"

제우스는 세멜레를 살살 달래며 다른 부탁을 하라고 기회를 주었지만 순진한 사람이 고집을 부리면 답이 없는 법, 세멜레는 완고했다. 제우스가 자신을 달랠수록 세멜레는 이 남자가 정말로 제우스인지 점점 더 의심스러워질 뿐이었다.

귀스타브 모로 〈제우스와 세멜레〉 귀스타브 모로 미술관 소장(프랑스)

제우스가 아무리 어르고 달래도 마음을 돌리지 않았던 세멜레는 끈질기게 제우스에게 본모습을 보여달라고 졸라댔다. 제우스는 하는 수 없이 세멜레 앞에서 본래 모습으로 돌아갔다. 그러자 세멜레는 제우스가 내뿜는 빛과 열기를 견디지 못하고 허무하게 타죽고 말았다.

 불행 중 다행으로, 여섯 달을 어머니 배 속에서 성장한 태아 디오니소스는 세멜레의 배 속에서 무사히 살아남을 수 있었다. 제우스는 불타 죽은 연인의 시신에서 디오니소스를 끄집어내 자신의 허벅지에 넣고 꿰맸다. 이후 디오니소스가 달수를 채워 충분히 성장하자 봉합을 풀고 아기를 꺼내 세상 빛을 보게 했다.

질투심에 미쳐 날뛰는 헤라와
바다의 신이 된 레우코테아

디오니소스는 신들의 왕이었던 제우스의 몸에서 태어났다.

그리스 신화에는 신이 인간 여자를 취해 태어난 자식들과 여신이 인간 남자와 관계를 맺어 태어난 신의 자식들이 수두룩하게 등장한다. 하지만 디오니소스처럼 반은 인간이고 반은 신의 자식으로 태어난 이들은 불사신이 될 수 없는 태생적 한계를 타고났다. 신의 혈통을 타고났지만 그들은 한낱 인간이었기에 아무리 불세출의 영웅이라도 언젠가는 죽음을 맞이한다. 천하를 호령하던 영웅도 최후에 그들을 기다리는 죽음이라는 인간의 숙명에서 벗어날 수 없었다.

하지만 그 유일한 예외가 디오니소스였다. 그는 인간 여성을 어머니로 두었지만 가장 존엄한 신인 제우스의 몸에서 자라 그의 생살을 가르고 태어났다. 그래서 한쪽 부모만 신인 다른 신의 자식들과 달리 태생적으로 불사의 몸을 타고난 것이었다.

제우스는 아들 헤르메스에게 명해 디오니소스를 오르코메노스(Orchomenos)라는 고장으로 데려가게 했다. 그곳을 다스리는 왕은 아타마스(Athamas)라는 이로, 왕비 이노(Ino)는 세멜레의 언니였다. 헤르메스는 이노에게 디오니소스를 맡겼다.

"죽은 여동생을 대신해 이 아이를 소중히 키우라는 제우스 님의 분부다."

헤르메스는 아기를 안겨주며 제우스의 뜻을 전달했다. 이노는 황공해하며 최고신의 부탁을 받아들였고, 자신의 조카이기도 한 아기를 정성껏 키우겠다고 다짐했다.

그런데 이 소식이 헤라의 귀에 들어갔다. 이노가 연적이었던 세멜레의 아기를 키우게 되었다는 사실을 알게 된 헤라는 아타마스와 이노를 실성시켰다. 둘 사이에는 레아르코스와 멜리케르테스라는 어린 두 아들이 있었는데, 정신이 나간 아타마스의 눈에는 레아르코스가 사슴으로밖에 보이지 않았다. 정신을 놓아버린 아타마스는 제 손으로 활시위를 당겨 아들을 쏘아 죽이고 말았다.

한편, 이노는 멜리케르테스를 부글부글 끓어오르는 솥에 던져 넣었다. 아들을 솥에 던져 넣은 다음에야 정신을 차린 이노는 시신을 끌어안고 오열하다 결국 바다에 몸을 던졌다.

그나마 이 가련한 어머니와 아이들의 운명은 바다에 몸을 던진 순간에 끝나지 않았다. 바다에는 네레이데스(Nereides)라는 오십 명이나 되는 물의 여신 자매가 살았는데, 그중 하나가 포세이돈의 왕비였던 바다의 여왕 **암피트리테**(Amphitrite)였다. 자비심 넘치는 네레이데스 자매들은 이 모자를 딱하게 여겨, 이노를 레우코테아(Leucothea)라는 여신으로, 멜리케르테스를 팔라이몬(Palémon)이라는 신으로 만들어 자신들의 동료로 맞아주었다.

자비의 손길 덕분에 구원받은 두 사람은 폭풍우 치는 바다에서 조난을 당한 배나 물에 빠진 인간을 보면 지나치지 못하고 나타나 구원의 손길을 내밀어주는 정 많은 바다의 신이 되었다고 전해진다.

바쿠스의 신녀들이 발휘했던
무적의 힘

헤라의 살벌한 복수극을 전해 들은 제우스는 디오니소스를 새끼 염소로 둔갑시켜 헤르메스에게 명해 그리스에서 멀리 떨어진 니사(Nysa)라는 곳으로 데려가게 했다. 헤르메스는 니사에 살던 님프들에게 어린 디오니소스를 맡기고 보살피게 했다.

무럭무럭 자라난 디오니소스는 타고난 재능을 발휘해 포도 재배에 성공했다. 그리고 잘 익은 포도 열매에서 이루 말할 수 없이 향기로운 맛과 냄새를 풍기는 술을 만드는 방법을 고안해 포도와 포도주의 신이 되었다.

풍문으로 디오니소스의 소식을 들은 헤라는 부아가 치밀었고, 이번에는 디오니소스를 실성시켰다. 정신이 나간 디오니소스는 이집트에서 페니키아, 시리아까지 이곳저곳을 방랑하다 오늘날 터키 북동부의 프리기아라는 지방에 다다랐다. 마침 그곳을 다스리던 **키벨레**(Cybele)라는 위대한 여신은 디오니소스를 가엾이 여겨 그의 광기를 치유하고 보듬어주었다.

키벨레를 모시는 사제들은 코리반테스(Cŏrȳbántes)라 불렸는데, 거세를 하고 여자 옷을 걸친 기이한 풍모로 사람들의 입방아에 자주 오르내렸다. 사제들은 피리를 불고 큰북을 요란하게 두드리며 신들린 듯 춤을 추었는데, 고귀한 여신 키벨레를 섬기는 직분을 맡게 되었다며 자해를 하면서 감사를 표했다. 이 무리에 들어가려는 자는 누구나 거세를 해야 했다.

키벨레는 디오니소스의 광기를 치유해주었을 뿐 아니라 그에게 이 기이한 제례의 비밀을 하나부터 열까지 전수해주었다. 디오니소스는 키벨레에게 배운 비밀에 독자적인 사상을 더해 비밀 의식을 창안했다. 이 의식은 인가에서 멀리 떨어진 산속에서 디오니소스 신앙을 신봉하는 **바카이**(Bakchai, 디오니소스의 다른 이름인 **바커스의 신녀들**이라는 의미)와 함께 마이나데스(Maenades, 광란하는 여자들)라 불렸던 여성들이 집전했다.

디오니소스를 모시는 여자들은 옷 대신 네브리스(nebris)라는 새끼 사슴 가죽을 걸치고, 허리띠 대신 살아 있는 뱀을 두르고, 손에는 횃불과 티르소스(thyrsus)라는 솔방울과 덩굴로 장식한 지팡이를 들고 피리와 큰북을 요란스럽게 연주하며 광란의 춤을 추었다. 이 의식을 치른 여자들이 발휘하는 불가사의한 괴력은 무장한 장정들도 감당할 수 없을 정도였다. 의식에 도취되어 한껏 고무된 여자들은 근처에 있는 짐승을 맨손으로 잡아 갈기갈기 찢어발겨 뚝뚝 떨어지는 피를 날름날름 핥으며 날고기를 우적우적 씹어 먹었다.

디오니소스는 이 의식을 그리스에 전파하기 전에 아시아를 교두보로 삼아 세력을 확장하기로 했다. 아시아 원정에는 신녀들뿐 아니라 반인반마의 모습을 한 정령 실레노스(Silenus)와 동료인 사티로스들도 기꺼이 길동무가 되어주었다. 술을 좋아하고 여자를 밝히는 그들에게, 신녀들에게 추파를 던지며 실컷 술에 취할 수 있게 해주는 신과의 동행은 콧노래가 절로 나올 정도로 신나는 여행길이었기 때문이다.

무적의 신녀와 정년들까지 거느린 디오니소스는 순식간에 인도까지 정복했고, 각지에 자신의 신앙과 함께 포도를 전파했다.

디오니소스를 박해한
펜테우스

아시아 각지로 신앙을 확산시킨 디오니소스는 드디어 그리스인들을 대상으로 포교에 나섰다. 디오니소스는 아시아 출신 신녀들을 데리고 고향 테베로 입성했다.

테베를 건설한 초대 왕이었던 영웅 **카드모스**(Cadmos)는 이미 노쇠해 왕위를 펜테우스라는 손자에게 양위한 뒤였다. **펜테우스**(Pentheus)의 어머니 **아가우에**는 세멜레의 언니 중 한 사람이다. 말하자면 펜테우스와 디오니소스는 이종사촌 지간이었다.

테베 여자들은 하루아침에 바커스 신녀가 되었다. 아가우에는 그중에서도 특히 열성적인 신도였다. 아가우에는 왕궁을 버리고는 신녀들을 이끌고 산속으로 들어가 디오니소스에게 바치는 제의에 몰두했다. 어머니의 광적인 신앙에 아들 펜테우스는 넌더리를 냈다.

"여자들이 멀쩡한 가정을 버리고 아내와 어머니라는 본분을 망각하고는 산속에서 부끄러운 줄 모르고 광란의 의식을 벌이다니. 여자들을 홀린 망측한 종교 의식을 당장 금하도록 하여라!"

디오니소스라는 말만 들어도 지긋지긋해진 펜테우스는 신녀들을 붙잡아 투옥하고 새 종교가 온 나라로 퍼져나가기 전에 미리 손을 써서 막으려 했다. 그런데 펜테우스가 디오니소스 신도를 박해하기 시작하자 기적이 일어났다. 신녀들을 붙잡아 와 오랏줄로 꽁꽁 묶어놓으면 어느새 줄이 풀리고, 감옥 문도 활짝 열렸다. 신녀들은 당당하게 걸어 나와 산으로 돌아갔다. 젊은 피가 들끓었던 펜테우스는 기적을 제 눈으로 목격하고도 신의 위대함을 받아들이려 하지 않았다. 기적은 오히려 펜테우스의 분노를 자극할 뿐이었다.

디오니소스 신앙에 대한 모진 박해는 나날이 정도를 더해갔다. 결국 자신의 신도들을 탄압하는 펜테우스를 보다 못한 디오니소스가 나섰다. 그는 잔혹하리만치 무서운 벌을 내려 신의 분노를 보여주었다.

테베로 입성한 디오니소스는 매력이 철철 넘치는 우아한 미남으로 변장했다.

"나는 아시아에서 디오니소스 신앙을 전하러 온 사제다."

디오니소스는 몸소 신녀들을 이끌었다. 사내답지 못한 행동거지와 문란한 행위라면 치를 떨 정도로 싫어하던 펜테우스에게 나긋나긋한 분위기에 여성스러운 매력을 물씬 풍기는 사제는 그저

꼴불견으로밖에 보이지 않았다. 펜테우스는 사제를 붙잡아 따끔하게 벌을 주어 본때를 보여주고자 벼르고 있었다.

그러던 어느 날, 펜테우스가 보낸 병사들이 디오니소스를 포박해 끌고 왔다. 디오니소스는 신출귀몰했기에 그때까지는 아무리 애를 써도 흔적조차 잡을 수 없었다. 그런데 어찌된 영문인지 자진해서 잡혀 왔다.

"나를 펜테우스에게로 데려가라."

디오니소스는 순순히 붙잡혔다.

펜테우스는 디오니소스에게 갖은 모욕을 준 끝에 가축우리에 가두었다. 그러자 디오니소스는 지진과 화재를 일으켜 펜테우스 왕궁을 산산이 파괴했다. 동시에 자신의 환상을 만들어 펜테우스가 환상을 향해 검을 휘두르는 동안 유유히 왕궁을 빠져나왔다.

디오니소스에게 홀린
펜테우스

펜테우스가 무너진 왕궁에서 간신히 목숨만 부지하고 탈출하자 사제의 모습을 한 디오니소스가 싱긋 미소를 띠며 서 있었다. 허를 찔린 펜테우스는 순간 주춤했지만 곧바로 정신을 수습하고 겁 없이 그 사제를 조소하며 제압하려 했다.

그런데 아닌 밤중에 홍두깨처럼 난데없이 어디선가 한 목동이 나타났다. 그리고 자신이 키타이론(Cithæron) 산속에서 목격한 바커스 신녀들의 광기 어린 추태를 펜타우스에게 낱낱이 고하기 시작했다. 목동은 소 떼를 몰다 신녀들이 **바커스 제의**를 올리는 광경을 우연히 보게 되었다며 말문을 열었는데, 공교롭게도 펜테우스의 어머니 아가우에가 의식을 지휘했다는 듣고 싶지 않은 소식까지 전해주었다.

'아가우에 왕비님을 신녀들에게서 떼어내어 어전으로 모시고 가면 임금님께서 기뻐하며 큰 상을 내리시겠지.'

목동은 동료 목동들과 눈짓을 주고받은 다음 덤불에 몸을 숨겼다. 그러자 곧장 아가우에가 미친 듯이 춤을 추며 다가왔고, 매복해 있던 목동들은 우르르 뛰쳐나가 왕비를 잡으려 했다. 그런데 신녀들의 반발이 만만치 않았다. 신녀들이 거세게 저항하자 예상외의 반격을 받은 목동들은 도리 없이 퇴각할 수밖에 없었다.

목동들은 도망치는 길에 머리털 나고 난생처음 보는 끔찍한 광경을 목격했다. 신성한 의식에 난입한 불한당들을 쫓아내고 승리에 도취된 신녀들이 환성을 지르며 근처에 있던 소 떼를 덮치는 게 아닌가. 송아지와 암소뿐 아니라 우두머리 수소까지, 날붙이 하나 쓰지 않고 맨손으로 제압해 사지를 갈기갈기 찢어 죽였다.

소를 처치한 신녀들은 질풍처럼 달음질쳐 산을 내려가더니 산기슭의 마을을 습격했다. 마을 장정들은 습격에 놀라 허둥지둥 무기를 들고 맞서 싸우려 했지만 신녀들의 몸을 창으로 찔러도 피 한 방울 흐르지 않았다. 오히려 거구의 장정들이 가녀린 신녀들에게 흠씬 두들겨 맞고는 동구 밖으로 내쫓겼다. 마을은 미쳐 날뛰는 신녀들로 초토화되었다.

보고를 마친 목동은 펜테우스에게 조심조심 진언했다.

"전하, 미천한 소인이 한 말씀 올리자면, 이렇게 괴이한 소동을 일으킬 수 있는 신은 나라 전체가 나서서 받들어 모셔야 하지 않을까 하옵니다."

미켈란젤로 부오나로티 〈바쿠스상〉 바르젤로 미술관 소장(이탈리아)

하지만 펜테우스는 목동과는 생각이 달랐다. 신녀들이 목동이 보고한 것 같은 말썽을 계속 일으키지 못하도록 단단히 혼을 내어 주고, 이 기회에 문란해진 풍기를 바로잡아야겠다고 결심했다. 펜테우스는 신녀들을 토벌하겠다고 나섰다.

그러자 조금 전까지 곁에서 조용히 지켜보던 디오니소스가 펜테우스 앞에 홀연히 나타나 빙그레 미소를 지으며 말했다.

"전하께서는 신녀들이 산속에서 벌이는 의식을 직접 보고 싶지 않으십니까?"

어머니와 신녀들에게
사지가 갈기갈기 찢겨 죽은 펜테우스

디오니소스의 한마디가 잔잔한 펜테우스의 마음에 돌을 던졌다.

펜테우스는 사내구실도 제대로 하지 못하는 사제들이 지휘하는 디오니소스 제의는 차마 눈 뜨고 보지 못할 파렴치한 촌극이라는 선입견을 가지고 있었다. 그래서 이 부도덕한 의식을 무슨 수를 써서라도 막으려고 혈안이 되었다. 혈기왕성한 청년이었던 펜테우스는 대장부답지 못한 행동거지와 문란한 행위에 극심한 혐오감을 느꼈기 때문이다.

그런데 이 결벽한 청년 펜테우스가 흐트러진 모습으로 추잡한 행위에 여념이 없는 여인네들의 모습을 가까이에서 볼 수 있다는 제안에 귀가 솔깃해져 그만 마음이 흔들리고 말았다. 펜테우스는 조금 전까지 온몸으로 거부하던 바커스 신녀들의 차림새를 하고 디오니소스를 따라나섰다.

"소인이 신녀들의 모습이 잘 보이는 장소로 전하를 안내해 드리겠습니다."

디오니소스는 펜테우스를 키타이론 산속으로 데려갔다. 그리고 신녀들이 모여 있는 지척까지 다가갔다.

"저기 있는 높은 나무에 오르시면 잘 보이실 겁니다."

디오니소스는 펜테우스를 나무 위로 올려 보냈다. 디오니소스가 싱긋 웃으며 우람한 전나무에 손을 대자 나무는 활처럼 휘더니 가지가 땅에 닿도록 내려주었다. 디오니소스가 펜테우스를 우듬지에 앉히자 나무는 원래 모습으로 스르르 돌아갔다. 나무가 가지를 들어 올리자마자 디오니소스가 조용히 모습을 감추었다.

"나와 너희의 적을 친히 데려왔으니 본때를 보여주도록 하여라."

하늘 위에서 신녀들에게 명령하는 신의 목소리가 낭랑히 울려 퍼졌다. 주위를 둘러본 신녀들은 금세 나무 위에 있던 펜테우스를 발견했다. 신녀들은 순식간에 전나무를 잡아 뽑았고, 그 기세에 펜테우스는 땅바닥에 내동댕이쳐졌다. 바닥에 나뒹구는 펜테우스에게 아가우에가 제일 먼저 달려왔다.

"살려주십시오, 어마마마! 저는 어마마마의 아들 펜테우스이옵니다!"

펜테우스는 목이 터져라 아가우에를 향해 외쳤지만 아가우에와 다른 신녀들은 디오니소스에게 홀려 펜테우스를 사자라고 굳게 믿었다. 그녀들의 귀에는 펜테우스의 비통한 울부짖음도 사자의 포효로밖에 들리지 않았다.

아가우에는 손이 발이 되도록 빌고 머리를 조아리며 자비를 구하는 펜테우스의 왼쪽 팔을 어깨에서부터 잡아 뜯었고, 다른 신녀들도 벌떼같이 달려들어 그의 몸을 무참하게 도륙했다.

인간 여인들을 여신으로 만든
디오니소스

　감히 디오니소스를 거역한 펜테우스는 자신의 목숨으로 신을 능멸한 대가를 치러야 했다. 이처럼 디오니소스는 자신의 신앙에 따르기를 거부하는 자들에게 가차 없이 벌을 내리는 무서운 신이기도 했다.

　아르고스라는 마을에서는 비밀 의식에 입회하기를 거부한 여자들이 디오니소스에게 조종당해 산으로 들어가 아직 젖먹이였던 자신의 아기의 팔다리를 뜯어내 아귀아귀 먹어 치우는 사건이 벌어지기도 했다.

　또 오르코메노스에서는 국왕 미니아데스(Minyades)의 세 딸이 끝까지 디오니소스 신앙을 거부했다가 변을 당했다. 공주들은 바커스 의식에 빠진 여염집 여자들을 비난하였고 왕궁에 남아 분주하게 손을 놀리며 베 짜기에 여념이 없었다. 디오니소스는 처녀의 모습으로 변장하고 왕궁을 찾아 공주들의 어리석음을 깨우쳐주려 했다.

"공주마마, 지금 당장 산으로 가서 신녀들의 무리에 가담하시는 게 옳은 줄 아뢰옵니다."

디오니소스가 권유했지만 공주들은 설득에 귀를 기울이지 않고 오히려 속도를 높여 베 짜기에 열을 올렸다. 화가 난 디오니소스는 처녀의 모습에서 사나운 수소로 변신했다가 곧바로 사자에서 표범으로 모습을 바꾸었다. 그 순간 베틀에서 신들의 음료인 넥타르가 오묘한 향내를 풍기며 우유와 함께 흘러나왔다. 이 광경을 보고 세 공주는 정신이 나가 부랴부랴 머리를 맞대고 의논했다.

"우리 중 한 사람을 뽑아 디오니소스 님께 희생 제물로 바치자."

왕녀들은 광기에 사로잡혀 제비를 뽑았다. 레우키페가 불운한 패를 뽑았다. 레우키페는 히파소스라는 제 자식이 살려달라고 마구 울부짖는데도 아랑곳하지 않고 갈기갈기 찢어 죽였다.

왕자를 희생시킨 공주들은 그 길로 산으로 들어가 바커스 제의에 몰두했지만 때는 늦었다. 결국 세 공주 중 하나는 박쥐로, 다른 하나는 올빼미로, 나머지 하나는 부엉이로 변하고 말았다.

디오니소스는 이처럼 자신을 거역하는 자에게 무서운 벌을 내렸기에, 디오니소스 신앙은 삽시간에 그리스 전역으로 들불처럼 번져나갔다.

기세를 몰아 디오니소스는 저승으로 내려가 사자의 왕국을 다스리는 하데스에게 부탁해 돌아가신 어머니 세멜레를 되살려 이 승으로 데려가도 좋다는 허락을 받았다. 디오니소스는 어머니와 함께 하늘로 올라가 어머니를 올림포스 신들의 일원으로 만들어 주었다.

이후 디오니소스는 **아리아드네**라는 여성을 천상으로 데려가 아내로 삼았다. 아리아드네는 크레타 섬의 미노스 왕의 왕녀로 본디 인간 여성이었다. 그러나 천상에 올라 불사신이 되었고, 바커스 신녀들은 그녀를 여왕으로 모셨다.

세멜레는 아들 덕분에 신의 반열에 올랐고, 아리아드네는 결혼으로 여신이 되며 신분이 급상승했다. 그 외에도 디오니소스와의 인연 덕분에 신이 된 이들이 있다. 앞의 이야기에 등장했던 이노도 조카 디오니소스를 돌보다 헤라 여신의 노여움을 사 벌을 받았고, 죽은 아들을 품에 안고 바다로 뛰어들었지만 결국 이노는 레우코테아, 그 아들은 팔라이몬이라는 바다의 신이 되어 인간에서 신으로 거듭났다.

나와 결혼해주오!

혼돈을 자아내는 디오니소스, 질서를 추구하는 아폴론

지금까지 이야기로도 알 수 있듯 디오니소스는 그리스 신화에 등장하는 신들 중에서도 유독 별스러운 존재다.

디오니소스의 넘쳐나는 개성을 감당하지 못한 고대 그리스인들은 디오니소스가 제우스의 피를 이어받은 아들이면서, 그리스에서 멀리 떨어진 지방에서 자랐고, 프리기아라는 이국의 여신 키벨레에게 배운 기이한 의식을 들여와 그리스 안에 퍼트렸다는 신화를 만들어냈다. 그런데 알고 보면 디오니소스는 다른 신들보다 한발 앞서 그리스에서 숭배의 대상이 되었다.

우리가 아는 그리스 신화는 기원전 이천 년대 후반 미케네 시대에 완성되었지만, 그 무렵 디오니소스는 이미 그리스 본토 크레타 섬에서도 신앙의 대상으로 모셔졌다. 디오니소스와 다른 그리스 신들과의 가장 큰 차이점은 사물과 사물 사이에 있어야 마땅한 구별을 애매하게 만들고 소멸시키는 디오니소스의 성질이다.

고대 그리스인은 그들이 코스모스라 불렀던 세계의 질서는 사물과 사물이 한데 뒤섞이지 않고 확실하게 구별되어 있는 상태에서 성립한다고 믿었다. 그리스인들은 세계가 다시 혼돈(카오스)에 집어삼켜져 만물의 구별이 사라지지 않도록 코스모스를 수호하는 일이 신들의 임무라고 생각했다. 올림포스 신들 중에서는 아폴론이 코스모스 유지에 가장 엄격했다. 아폴론은 특히 신과 인간 사이의 차이가 애매해지는 상황을 절대로 용납하지 않았다.

그런데 디오니소스는 인간 어머니와 최고신인 아버지의 몸에서 신으로 태어났다. 또 인간 여성이었던 세멜레와 이노, 아리아드네를 여신으로 만들어 신과 인간의 구별을 한층 애매하게 만들었다. 디오니소스는 '다양한 모습을 지닌 자', '무수한 형상을 지닌 자' 등의 별명을 가지고 있는데, 이름 그대로 인간의 형태를 한 신의 모습 이외에도 수소, 사자, 표범, 뱀 등으로 종잡을 수 없이 모습을 바꾸었기에 어느 모습이 진짜인지 판가름할 수 없었다. 즉, 디오니소스라는 신은 인간과 동물 사이의 구별 역시 불분명하게 만들었던 셈이다.

고대 그리스의 3대 비극 시인 중 한 사람인 에우리피데스의《바카이 - 바커스의 신녀들》의 235~236행에 이런 구절이 있다.

"한 이방인이 테베에 나타났다. 기다란 곱슬머리에서는 향기가 났고, 뺨은 발그레하게 홍조를 띠고, 눈에는 아프로디테의 요염한 매력을 머금고 있었다."

디오니소스의 요염한 매력은 남녀라는 성별의 차이마저 애매하게 만들었고, 그는 그리스 신화에서도 가장 튀는 매력을 지닌 개성 넘치는 존재로 사랑받았다.

신녀들이 자연계와 하나가 되어 맛본
금단의 행복

디오니소스는 자신을 따르고 의식에 참여하는 여인들에게 모든 속박으로부터 자유로워지는 신비 체험을 선사했다.

《바카이 - 바커스의 신녀들》의 695~711행에는 목동이 펜테우스에게 자신이 목격한 신녀들의 행태를 다음과 같이 아뢴다.

"먼저 머리를 어깨에 닿을 정도로 풀어헤치고, 옷 대신 걸친 새끼 사슴 가죽 위의 매듭이 흐트러진 자들은 모두 매듭을 고쳐 맵니다. 반점이 선명한 사슴 가죽 위에 뱀을 허리띠마냥 둘러매는데, 그 뱀이 여자들의 볼을 핥기도 하더이다. 그중에는 사슴이나 사나운 늑대 새끼를 가슴에 안고 젖을 먹이는 여자도 있었습니다. 아직 젖먹이 아이가 있어 가슴이 부풀어 있는 그 여자들은 제 자식을 버려두고 온 여자들입니다. 꽃이 핀 담쟁이덩굴과 참나무 가지로 엮은 관을 머리에 쓰고 한 여자가 티르소스라고 부르는 지팡이를 들고 바위를 내리치자 바위에서 감로수 같은 샘물이 콸콸 쏟아져 나왔습니다. 그 희뿌연 물을 받아 마시려는 자들이 손가락 끝으로 땅바닥을 훑으면 젖이 솟아나듯 샘물이 흘러나왔고, 담쟁이덩굴이 휘감긴 지팡이에서 벌꿀처럼 달콤한 즙이 줄줄 떨어지더이다."

고대 그리스 여인들은 평소에는 머리를 뒤통수에서 단정하게 틀어 올려 미트라(μίτρα)라 불렀던 일종의 헤어밴드로 고정했다. 반면 바커스를 따르는 신녀들은 머리를 묶지 않고 자연스럽게 늘어뜨리고는 격렬한 춤사위로 머리카락이 마구 헝클어져 산발이 되어도 내버려둔 채 엉망이 된 매무새도 가다듬지 않았다. 이 신녀들은 옷 대신 새끼 사슴 가죽을 걸치고 살아 있는 뱀을 허리띠 대신 두른 채 그 뱀이 자신의 뺨을 핥아도 아랑곳하지 않았다.

디오니소스에게는 '근심에서 해방시켜주는 자(Lyäus, 리아에우스)'라는 이름도 있었다. 그는 이름 그대로 산속으로 데려온 여인네들을 정숙한 머리모양이나 의복으로 상징되는, 인간을 짐승과 구별해주는 문화의 속박과 규범에서 해방시켜 자연과 하나가 되게 해주었다. 디오니소스가 일체의 속박에서 사람들을 해방시켜 주는 신이라는 속성은 젖먹이를 떼어놓고 온 어미들이 새끼 사슴과 늑대에게 젖을 먹이는 행위로 분명하게 표현되었다.

포도와 함께 디오니소스가 가장 사랑하는 식물인 담쟁이덩굴과 여러 야생식물로 엮은 관을 머리에 쓰고, 꼭대기에 솔방울을 달고 덩굴을 칭칭 감은 티르소스(Thyrsos)라는 지팡이를 손에 들었던 것도, 신녀들이 자연과 하나가 된 상태임을 보여준다. 신녀들은 동식물과 자신들을 구별하는 경계선을 허물고 자연과 하나가 되어 고된 노동 없이 바위와 땅을 지팡이로 두드리기만 해도 맑은 샘물과 포도주, 젖, 벌꿀 등을 얻어내어 즐길 수 있었다.

춤에 빠진 디오니소스 신녀들

스파라그모스와 오모파기아로
신과 하나가 되다

신녀들이 체험했던 맛있는 먹을거리가 자연에서 얼마든지 솟아 나오는 불가사의한 현상은 그녀들이 문화의 구속에서 해방되었던 덕분에 일어난 기적이라고 할 수 있다.

문화 안에 머무는 인간은 고생스럽게 땅을 경작해 작물을 재배하고 수확해서 얻은 결실로 요리를 해야 비로소 식탁에 앉을 수 있다. 반면 문화의 규범에서 이탈한 신녀들은 모름지기 인간이 지켜야 할 굴레에서 해방되어 초식동물처럼 대지에서 나는 것을 아무런 가공도 하지 않고 포식할 수 있는 행복을 맛보았다.

또한 자신들과 같이 새끼 사슴 가죽을 걸친 디오니소스가 앞장서서 들짐승을 잡아 갈래갈래 찢어 피가 뚝뚝 떨어지는 날고기를 먹는 **스파라그모스**(sparagmos, 갈기갈기 찢음)와 **오모파기아**(omophágia, 날

고기를 먹음) 의식을 치르는 모습을 보고 신녀들도 그 감미로운 기쁨에 탐닉했다.

《바카이 - 바커스의 신녀들》의 135~139행에는 아시아에서 디오니소스를 따라온 신녀들로 이루어진 합창단이 다음과 같이 노래한다.

"산중에 계시는 감미로운 신이시여, 질주하는 신녀들의 무리를 앞장서서 이끄시고 몸소 맨땅에 나뒹구시는 그분은 새끼 사슴의 성스러운 가죽을 걸치시고 숫염소를 사냥해 피를 흘려 죽이시어 날고기를 먹는 기쁨에 취하도다."

마찬가지로 145~147행에는 신녀들과 같이 횃불과 지팡이를 들고 무리를 이끄는 디오니소스의 모습을 묘사한다.

"바커스 신께서는 송진 불이 활활 타오르는 횃불을 치켜들고 회향나무 지팡이를 휘두르며 돌진하신다."

또 150행에는 신녀들과 매한가지로 긴 머리를 나부끼며 다니는 디오니소스의 모습도 등장한다.

"숱 많은 머리카락을 하늘 높이 휘날리며."

다시 말해 신녀들은 머리모양도 걸친 옷도 소지품도 모두 자신들과 같은 모습으로 나타난 디오니소스의 지휘에 따라 신과 하나가 되는 의식에 빠져들어 신과 인간의 경계선을 허물고 해방되었다. 디오니소스를 따르는 이들은 한 사람 한 사람이 신과 동화되어 '여자 바커스(Bakche)'가 되는 신비 체험을 맛보며 열락에 도취되었다.

신녀들은 쾌락의 정점에서 스파라그모스와 오모파기아를 탐닉하며 육식동물로 변해 자신들과 들짐승의 경계를 무너뜨렸다. 인간의 문화 속에서 육식은 소로 대표되는 가축을 의식에 따라 신들에게 제물로 바치고 날붙이로 도살해 뼈는 제단 위에서 향료와 함께 태우고, 고기와 내장을 요리해 먹는 방식으로 이루어졌다. 이와 같은 공양 의식을 거치지 않고 맨손으로 갈기갈기 찢어 죽인 짐승의 고기를 익히지 않은 채 그대로 포식함으로써 신녀들은 자신들과 짐승의 거리를 아슬아슬한 수준까지 좁혀나갔다.

그리스 문화 속에 숨겨진
아폴론의 또 다른 얼굴과
숨겨진 얼굴 디오니소스

디오니소스의 비밀의식을 통해 신녀들은 인간을 옥죄는 문화의 굴레에서 해방되어 자연과 하나가 되었고, 인간과 동물의 경계를 무너뜨렸다. 한 걸음 더 나아가 신녀들은 자신들을 이끌며 의식을 주도하는 신의 목소리를 듣고 그 신과 하나가 되어 동화되는 최고의 행복에 도취되었다.

의식에 몰입한 신녀들은 자신도 염소나 수소, 사자, 표범, 뱀 등의 짐승의 모습으로 변한다고 믿었다. 신녀들은 짐승과의 경계를 허무는 디오니소스 외에도 실레노스나 사티로스처럼 반인반수의 정령도 자신들의 주인이라 여겨 섬겼다. 정령들 역시 의식에 참가해 거나하게 술에 취해서는 신녀들과 시시덕거리며 흥청망청 즐겼다. 디오니소스 의식에서는 이처럼 신과 정령, 인간이 경계를 허물고 서로를 가르는 빗장을 활짝 열어젖히고는 함께 어울렸다.

문화와 자연, 인간과 야생 동식물, 신과 인간과 짐승의 경계까지도 차례로 소멸시키는 디오니소스는 세계의 질서(코스모스)를 유지하는 임무를 맡은 다른 신들과 반대되는 역할을 수행했다. 특히 경계를 지키는 신들 중에서도 가장 엄격하고 인간과 신의 경계를 넘나드는 행위를 절대로 용납하지 않았던 아폴론과 경계를 무너뜨리는 디오니소스의 역할은 극과 극으로, 둘의 역할은 접점 없이 평행선을 달린다. 말하자면 아폴론은 고대 그리스 문화의 대외적인 얼굴이고, 디오니소스는 이면에 감추어진 얼굴이었던 셈이다.

코스모스가 엄격하게 유지됨으로써 실현되는 균형을 무엇보다 중시하던 **아폴론의 사고방식**과 카오스를 열망하던 **디오니소스의 사고방식**이 공존하며 그리스 문화는 단순함을 넘어서 복잡한 이면을 보여주는 다양성을 확보하게 되었다.

고대 그리스 문화를 대표하는 걸작으로 '아이스킬로스와 소포클레스와 에우리피데스의 비극'과 '아리스토파네스의 희극'을 손꼽는다. 비극과 희극 모두 디오니소스 의식에서 탄생한 예술로, 주요 작품은 기원전 5세기에 디오니소스 축전 중에 상연되었다. 덕분에 그리스 신화에서 가장 별난 신 디오니소스는 고대 그리스 문화를 이야기할 때 빼놓을 수 없는 신으로 거듭날 수 있었던 것이다.

제4장

열두 신 이후에 덧붙여진 신, 헤라클레스

약혼자로 변장한
제우스

　반인반신 영웅 **헤라클레스**(Heracles)의 어머니는 **알크메네**(Alcmene)라는 인간 여성이었다. 알크메네는 미케네 왕 엘렉트리온의 딸로, 부왕이 세상을 뜬 후 고국을 떠나 사촌오빠이자 약혼자였던 암피트리온과 함께 테베에 터를 잡고 신접살림을 차렸다.

　제우스는 알크메네의 미모에 눈독을 들여 결국 그녀를 자신의 여자로 만들었고, 알크메네의 배 속에 헤라클레스가 들어섰다. 물론 헤라클레스가 어머니 배 속에 들어설 때까지 만만치 않은 걸림돌을 넘어서야 했다. 알크메네는 호락호락한 여인이 아니었다. 그녀는 정조 관념이 투철한 여인으로, 설사 신들의 왕인 제우스라고 해도 몸을 내줄 생각이 없었다. 알크메네는 지아비인 암피트리온을 배신하고 정조를 더럽힐 마음이 추호도 없었기 때문이다.

그러나 사냥감을 노리는 매처럼 호시탐탐 기회를 엿보던 제우스에게 절호의 기회가 찾아왔다. 암피트리온이 아내를 테베에 혼자 남겨두고 전쟁터로 떠나야 했던 것이다.

"당신이 전쟁에서 이기고 돌아오는 날 새벽에 당신의 아내가 되어드릴게요."

알크메네는 예비신랑을 전장으로 내보내며 약속했다.

암피트리온은 전쟁에 승리를 거두고 테베로 향했지만 제우스가 선수를 쳤다. 제우스는 암피트리온이 도착하기 전날 밤 태양신 헬리오스에게 사흘 동안 하늘에 나오지 말라고 명령했고, 밤은 평소보다 몇 갑절로 길어졌다.

제우스는 암피트리온의 모습으로 변장하고 알크메네의 처소를 찾아 전쟁의 양상과 암피트리온이 세운 공적을 실제로 자신이 겪었던 일처럼 소상히 들려주었다. 그는 기나긴 밤을 이용해 자신을 암피트리온이라고 굳게 믿고 있는 알크메네의 순결한 처녀의 몸을 마음껏 탐했고, 결국 그녀의 배 속에 헤라클레스가 들어섰다.

제우스가 만족스럽게 하늘로 돌아간 그 다음 날, 전쟁에서 승리한 암피트리온이 당당하게 돌아와 알크메네와 부부로서 백년가약을 맺었다. 그런데 알크메네는 첫날밤을 치르고도 새신부답지 않게 시큰둥한 반응을 보였다. 게다가 암피트리온이 전쟁에서 있었던 이야기를 들려주자 입술을 뾰로통하게 내밀더니 뚱하게 대꾸했다.

"아이참, 당신도! 그 이야기는 어젯밤에 실컷 하지 않으셨습니까.”

암피트리온은 알크메네가 전날 밤 이미 자신에게 안겼으며, 전쟁에서 거둔 공적까지 낱낱이 들었다고 믿고 있다는 사실을 알고 당황했다.

그는 테이레시아스(Teiresias)라는 고명한 예언자를 찾아가 이유를 물었다. 테이레시아스는 제우스가 알크메네를 품기 위해 벌인 일을 암피트리온에게 전했다. 그리고 자신의 아내가 제우스의 아이를 가졌음을 알게 된 암피트리온은 겁에 질려 그 이후로 알크메네에게 손끝 하나 대지 않으려 했다.

그러나 운명의 장난으로, 딱 하룻밤의 관계로 인해 알크메네는 암피트리온의 아이도 임신했다. 이런 연유로 헤라클레스는 이피클레스(Iphicles)라는 자신보다 못한 쌍둥이 남동생과 함께 태어났다. 이피클레스는 영웅 헤라클레스와 한배에서 한날한시에 태어났지만, 인간의 자식이었기에 아무리 용을 써도 형의 발끝에도 미치지 못했다.

쉰 명의 자식을 둔 아버지가 된
헤라클레스

헤라클레스에게는 태어나기 전부터 틈만 나면 본때를 보여주려고 단단히 벼르고 있는 끈질긴 숙적이 있었다. 두말할 것도 없이 제우스의 아내 헤라다.

바야흐로 헤라클레스가 태어날 때가 되자 제우스는 신들 앞에서 선언했다.

"오늘 태어날 내 피를 이은 인간의 아이는 자신의 나라뿐 아니라 이웃 나라들에서도 왕으로 모셔지게 되리라."

헤라는 제우스가 말하는 아이가 헤라클레스임을 알아차리고는 음모를 꾸미기 시작했다. 헤라는 일단 제우스를 구워삶는 작전에 착수했다.

"지금 당신이 한 말이 반드시 이루어지도록 스틱스 강에 대고 맹세하세요."

제우스는 아내의 꿍꿍이를 알아차리지 못한 채 신도 깨뜨릴 수 없는 맹세를 했다. 그러자 헤라는 자신의 딸이자 출산의 여신인 **에일레이티아**(Eileithya)를 하계로 내려보내 헤라클레스의 탄생을 늦추게 하는 한편, 아직 어머니 배 속에서 일곱 달밖에 채우지 못한 **에우리스테우스**(Eurysteus)라는 아이가 그날 태어나도록 손을 썼다.

에우리스테우스는 비록 제우스의 자식이 아니었지만 페르세우스라는 전설적인 영웅의 손자였다. 페르세우스는 제우스가 다나에라는 인간 여인과 관계를 맺어 태어났다. 요컨대 에우리스테우스도 제우스의 피를 이어받은 인간 아이였기에 제우스가 헤라클레스를 위해 예언했던 운명은 에우리스테우스의 몸에서 성취될 판이었다.

제우스의 예언을 엉망으로 만들어놓고도 헤라는 분이 풀리지 않았다. 독기가 오를 대로 오른 헤라는 헤라클레스가 태어난 지 얼마 되지 않아 그가 동생인 이피클레스와 세상모르고 잠들어 있는 침실에 푸른 독사 두 마리를 풀어 쌍둥이 형제를 죽이려 했다.

이피클레스는 요람에서 뱀을 발견하자 자지러지게 놀라 경기를 일으키며 울음을 터트렸지만 헤라클레스는 태연하게 양손에 한 마리씩 뱀 목을 잡고 두 마리를 동시에 목 졸라 죽였다. 이피클레스의 울음소리를 듣고 허둥지둥 달려온 암피트리온은 놀라운 광경을 목격하였고, 자신의 아이와 제우스의 아이가 얼마나 다른지 둘의 격차를 새삼 실감했다.

무럭무럭 자라난 헤라클레스는 열여덟 살이 되었을 때 키타이론 산에 서식하던 거대한 사자를 퇴치하여 최초의 업적을 달성했다. 사자의 저항이 만만치 않아 사냥은 무려 오십 일이나 이어졌다고 한다. 그동안 헤라클레스는 매일 밤 괴수에게 시달리던 테스피아이 왕 테스피오스(Thespios)의 궁에서 융숭하게 대접받았다.

테스피오스 왕에게는 열다섯 명의 딸이 있었고, "헤라클레스 같은 용사의 씨를 이어받은 손자를 두고 싶다"는 왕의 바람에 따라 매일 밤 다른 공주가 헤라클레스의 침소에 들었다. 헤라클레스는 매일 밤 여자가 바뀐다는 사실을 알아차리지 못하고 매일 같은 여자를 품었다고 믿었다. 공주들은 모두 아이를 가졌고, 헤라클레스는 얼떨결에 오십 명의 아들을 둔 아버지가 되었다.

자식을 죽여 피를 묻힌 손으로
과업을 시작하다

　키타이론 산의 사자를 물리친 후 헤라클레스는 나고 자란 고향 테베를 위해 큰 공을 세웠다.

　테베는 이전에 오르코메노스와 전쟁을 벌여 패했고, 그때부터 매년 백 마리의 소를 조공으로 바쳐야 했다. 헤라클레스는 오르코메노스에 전쟁을 선포했고, 테베로 쳐들어온 적군에게 파멸적 공세를 가해 오르코메노스 왕까지 활로 쏘아 죽였다.

　전쟁에 지고 왕을 잃은 오르코메노스는 이후 해마다 이백 마리의 소를 테베에 조공으로 바치게 되었다. 조국을 위해 나서준 헤라클레스에게 감사를 표하기 위해 테베 왕 크레온은 자신의 딸 메가라(Megara)를 아내로 내주었다. 헤라클레스는 아내를 사랑했고 곧 메가라와의 사이에 몇 명의 아이가 생겨났다.

한편, 헤라클레스가 아내와 아이들과 함께 행복하게 사는 모습을 본 헤라는 심기가 불편해졌다. 남편의 외도로 속이 상한 데다 헤라클레스가 행복하게 사는 모습을 보자 바짝 약이 오른 헤라는 급기야 헤라클레스를 실성시켰다. 정신이 나간 헤라클레스는 메가라가 낳은 제 자식을 적으로 오인하고 모조리 활로 쏘아 죽였다.

정신을 차린 헤라클레스는 자신이 벌인 파렴치한 참극에 넋이 나갔다. 실의에 빠진 헤라클레스는 델포이로 가서 아폴론 신탁에 물었다.

"무엇을 하면 자식을 죽인 대죄를 속죄할 수 있단 말입니까."

신탁이 내려졌다.

"이 길로 티린스로 가서 에우리스테우스 왕에게 봉사하라. 그가 명하는 열두 가지 과업을 모두 달성해야 하느니라. 처음부터 끝까지 그 과업을 모두 완수하면 너는 불사의 몸을 얻어 천상의 신들의 일원이 되리라."

에우리스테우스는 헤라의 계략으로 헤라클레스보다 먼저 태어났던 바로 그 칠삭둥이였다. 에우리스테우스는 어부지리로 제우스가 헤라클레스를 위해 예언한 운명을 차지하고 티린스의 왕이 되어 이웃한 미케네와 아르고스 같은 주요 도시까지 지배하고 있었다.

헤라클레스와 에우리스테우스는 친척 관계로 에우리스테우스의 할아버지는 영웅 페르세우스였다. 그런데 에우리스테우스는 헤라의 책략으로 달을 채우지 못하고 칠삭둥이로 태어나 여러모로

리시포스 〈파르네제의 헤라클레스〉 나폴리국립미술관 소장(이탈리아)

미숙한 데다, 페르세우스라는 고귀한 영웅의 혈통답지 않게 얼빠진 겁쟁이였다. 당연히 헤라클레스와는 비교도 되지 않는 한심한 못난이였다.

주군으로 섬기기에 한참이나 모자란 사내의 부하가 되어 명령을 따라야 일은 헤라클레스에게는 굴욕적인 처사였다. 그러나 에우리스테우스 입장에서도 헤라클레스와 같은 차원이 다른 강자를 부하로 부려야 하는 상황은 살 떨리게 두려운 일이었다.

네메아의 사자와
맹독을 가진 물뱀 히드라를 퇴치하다

생각만 해도 등줄기에 식은땀이 흐를 정도로 무서운 헤라클레스를 저세상 사람으로 만들기 위해 에우리스테우스는 불가능하게 여겨지는 난제를 연거푸 내주었다. 하지만 타고난 겁보였던 에우리스테우스는 헤라클레스의 얼굴을 마주 보고 명령을 내릴 엄두조차 내지 못했다. 그래서 헤라클레스에게 성벽 안으로 들어오지 말라고 전갈을 보낸 다음 코프레우스(Copreus, '대변을 쌓는 사람'이라는 뜻)라는 전령을 보내 성벽 밖에서 대기 중이던 헤라클레스에게 명령을 전달했다.

성벽 안에 틀어박혀서도 마음을 놓을 수 없었던 에우리스테우스는 헤라클레스가 성 안으로 밀고 들어와 자신에게 해코지를 할지 모른다는 생각에 언제든지 도망쳐 몸을 숨길 수 있도록, 청동을 담금질해 튼튼하게 만든 거대한 가마솥을 땅속에 파묻어 두었다.

만반의 대비를 갖춘 에우리스테우스는 첫 번째 과업으로 **네메아에 사는 괴물 사자를 퇴치하고 가죽을 벗겨 가져오라**고 명령했다. 그 사자는 아무리 날카로운 무기로도 상처 하나 내지 못할 정도로 질긴 가죽을 갑옷처럼 온몸에 두르고 있는 무시무시한 맹수였다.

헤라클레스는 곤봉을 무기로 삼아 먼저 입구가 두 개인 동굴로 사자를 유인했다. 그리고 동굴 입구 한쪽을 막고 다른 한쪽 입구로 들어가 사자의 목을 팔로 졸라 숨통을 끊었다. 괴수를 쓰러뜨리는 데는 성공했지만 가죽을 벗기는 작업은 결코 만만치 않았다. 하지만 영리한 헤라클레스는 사자의 발톱을 이용해 어떤 무기로도 흠집 하나 낼 수 없다는 가죽을 깔끔하게 벗겨냈다. 이후 헤라클레스는 항상 이 사자 가죽을 몸에 덮어쓰고는 사자 머리를 투구 대신 뒤집어쓰고 다녔다고 한다.

두 번째로 레르네 늪에 사는 **'히드라'라는, 맹독을 가진 뱀의 형상의 괴물을 처치하라**는 과업이 주어졌다. 머리가 아홉 개나 달린 히드라는 가운데 머리는 죽지 않는 데다, 다른 머리를 잘라내도 상처에서 새 머리가 두 개씩 돋아나는 무서운 괴물이었다. 히드라 퇴치 원정길에 헤라클레스는 쌍둥이 남동생 이피클레스의 아들이자 자신의 조카인 이올라오스(Iolaus)를 시종으로 데려갔다.

헤라클레스의 앞길을 막아놓겠다고 벼르고 있던 헤라는 괴물 게를 보내 히드라에게 가세시켰지만, 헤라클레스는 이 거대한 게를 발로 밟아 짓이겨 순식간에 처치했다. 이어서 히드라의 성가신 머리를 처리하기 위해 헤라클레스는 이올라오스에게 명해 근처 숲에 불을 놓았다. 그리고 히드라의 머리를 잘라낼 때마다 상처를 불타는 장작으로 지져 새 머리가 돋아나지 못하도록 했고, 마지막에 남은 불사의 머리를 땅속에 묻은 다음 그 위에 거대한 바위를 올려놓아 절대로 빠져나오지 못하도록 꼼꼼하게 마무리했다.

헤라클레스는 히드라의 몸통을 해체해 맹독이 모여 있는 간에서 흐르는 피를 자신의 화살촉에 묻혔다. 헤라클레스가 쏘는 화살은 맹독을 지니고 있다고 알려졌는데, 이때 히드라를 퇴치하며 얻은 피에서 비롯된 노획물이었던 셈이다.

헤라클레스가 히드라를 무찔렀다는 보고를 받은 에우리스테우스는 전령인 코프레우스에게 말했다.

"히드라 퇴치는 네가 달성해야 할 열두 가지 과업으로 쳐줄 수 없다. 너는 혼자 힘으로 과업을 수행하지 않고 조카의 도움을 받았기 때문이다."

비겁한 에우리스테우스는 이번에도 코프레우스를 보내 자신의 뜻을 대신 전하게 했다.

이얍!

신성한 사슴과 맹수 포획, 외양간 청소, 괴물새 소탕

이어서 케리네이아 산속에 사는 **황금 뿔을 가진 암사슴을 잡아 오라**는 과업이 내려졌다. 이 사슴은 아르테미스 여신이 아끼는 성스러운 다섯 마리 동물 중 하나였다. 아르테미스는 그중 네 마리에게 자신의 전차를 끌게 했고, 한 마리는 자유롭게 놓아길렀다.

이 날랜 짐승을 상처 입히지 않고 사로잡고자 했던 헤라클레스는 장장 일 년에 걸쳐 뒤를 쫓아야 했다. 마침내 지친 사슴이 아르카디아 지방의 라돈이라는 강을 건너려던 찰나에 가까스로 포획에 성공했다.

헤라클레스가 사슴을 어깨에 둘러메고 에우리스테우스의 궁으로 데려가려던 순간, 눈앞에 아르테미스 여신이 나타났다.

"어째서 내가 아끼는 성스러운 동물을 함부로 잡아가려 하느냐!"

아르테미스는 준엄한 목소리로 헤라클레스를 꾸짖었다. 헤라클레스는 에우리스테우스라는 왕의 명령에 따라 수행해야 하는 과업 중 하나라고 자초지종을 차분하게 설명했다. 또 왕에게 보여주고 나면 원래 있던 곳에 풀어주겠다고 약속했다. 설명을 들은 여신은 납득하고 사슴을 데려가도 좋다고 허락해주었다.

이어서 헤라클레스는 **아르카디아 지방의 에리만토스 산에 사는 집채만 한 멧돼지를 산 채로 잡아오라**는 명령을 하달 받았다.

헤라클레스는 이 사나운 괴물을 그물로 붙잡은 다음 어깨에 짊어지고 돌아갔다. 에우리스테우스는 멧돼지가 내뿜는 무시무시한 기세에 기겁을 하고 땅속에 묻어두었던 청동 가마솥 안으로 내빼고 말았다.

다음으로 엘리스의 **아우게이아스 왕의 외양간을 하루 만에 혼자서 청소하라**는 과업이 주어졌다. 아우게이아스 왕은 어마어마하게 많은 가축을 길렀는데, 그 가축을 들이는 광대한 외양간은 한 번도 청소하지 않았다. 그 때문에 무지막지한 양의 분뇨가 쌓여 손 쓸 수 없는 지경에 이르렀던 것이다. 헤라클레스는 아우게이아스 왕을 찾아가 제안했다.

"가축의 십 분의 일을 보수로 주신다면 전하의 외양간을 단 하루 만에 말끔하게 청소해 드리겠습니다."

아우게이아스 왕이 조건을 수락하자 헤라클레스는 외양간 근처를 흐르던 알페이오스와 페네오스라는 두 강의 물줄기를 외양간

안으로 끌어들여 흘려보냈다. 겹겹이 쌓여 있던 오물과 찌든 때가 물살을 타고 순식간에 흔적도 없이 쓸려 내려갔다.

그런데 아우게이아스 왕은 헤라클레스가 에우리스테우스 왕의 명령으로 외양간을 청소했다는 사실을 알게 되자 억지를 부렸다.

"원래 네가 해야 할 일을 했을 뿐이니 보수는 필요하지 않으렷다."

아우게이아스는 약속했던 가축을 내어주지 않았다. 에우리스테우스는 한술 더 떠 부당하게 대가를 요구했다며 공연히 트집을 잡았다.

"고얀 놈, 남의 나라 왕에게 내가 시킨 일을 하면서 함부로 대가를 요구했겠다. 이번 일은 열두 가지 과업으로 쳐줄 수 없다!"

부당한 처사였지만 헤라클레스는 이를 악물고 참아냈고 곧바로 다음 과업에 착수했다.

이번에는 아르카디아 지방의 **스팀팔로스 호수 주위의 숲에 사는 새 떼를 박멸하라**는 임무가 주어졌다. 새 떼를 처치하려면 새들이 숲에서 날아오르게 만들어야 했다. 헤라클레스는 아테나 여신이 기술의 신 헤파이스토스에게 특별히 부탁해 만든 청동 심벌즈를 들고 갔다.

헤라클레스가 산 위에서 요란한 소리를 내며 심벌즈를 치자 새 떼는 화들짝 놀라 일제히 날아올랐고, 헤라클레스는 날아오른 새 떼를 모조리 활로 쏘아 죽였다.

미친 황소와 식인마를 생포하고, 아마존으로 항해를 떠나다

숨 돌릴 틈도 없이 다음 과업이 주어졌다. 크레타 섬의 **미노스 왕이 소유한 미친 황소를 데려오라**는 과업이었다.

헤라클레스는 크레타 섬으로 가서 미노스 왕에게 자초지종을 아뢰고 황소를 데려가게 해달라고 간청했다.

"그 소는 주인인 나도 어찌할 수 없을 정도로 사나운 녀석이다. 잡을 수 있다면 데려가도 좋으니라."

헤라클레스는 격투 끝에 황소를 제압하는 데 성공했고, 에우리스테우스 왕에게 데려갔다.

이어서 트라키아 지방의 **디오메네스 왕이 기르는, 사람을 잡아먹는 암말을 데려오라**는 과업을 수행해야 했다.

말은 총 네 마리로, 디오메네스 왕은 자기 나라를 찾아오는 이방인을 잡아다 말 먹이로 주었다. 이 정신 나간 악행을 벌하기 위해 헤라클레스는 다짜고짜 디오메네스 왕의 멱살을 잡아 마구간에 던져 넣었고, 말들은 제 주인을 잡아먹었다. 배가 부른 말들이 얌전해지자 헤라클레스는 어렵지 않게 고삐를 틀어쥐고 말을 몰아 에우리스테우스에게 데려갔다.

입 안의 가시 같은 헤라클레스가 이번에도 멀쩡히 살아 돌아오자 에우리스테우스는 진저리를 치며 새로운 과업을 내주었다. 이번에는 자신의 딸을 위해 **아마존 여왕 히폴리테가 두르고 다니는 보물 허리띠를 가져오라**고 명령했다.

아마존은 트라키아보다 훨씬 북쪽 변경에 사는 여전사들로, 태어난 아이 중에 딸만 기르고, 오른쪽 유방은 무기를 사용하는 데 방해가 된다며 잘라내는 특이한 풍습을 가진 부족이었다. 아마존은 전쟁의 신 아레스가 자신들의 선조라고 믿으며, 전쟁 이상으로 신성한 의무는 없다는 사상을 가진 호전적인 부족으로 알려지기도 했다.

헤라클레스는 배를 마련해 도중에 이런저런 모험을 겪으면서 흑해 연안에 있는 아마존 왕국까지 기나긴 항해를 했다. 배가 항구에 다다르자 히폴리테 여왕이 몸소 마중 나와 헤라클레스에게 물었다.

"영웅이시여, 어인 일로 이 먼 곳까지 행차하셨나이까?"

헤라클레스가 아마존을 방문한 이유를 설명하자 여왕은 귀중한 허리띠를 흔쾌히 내주었다. 용감무쌍한 여전사였던 여왕은 늠름한 거한인 헤라클레스에게 한눈에 반해 그에게 아낌없는 호의를 베풀었다. 여왕은 헤라클레스가 기뻐하는 일이라면 뭐든지 할 기세였다.

그런데 이 모습을 하늘 위에서 보고 있던 헤라의 심사가 뒤틀렸다.

'꼴 보기 싫은 헤라클레스 녀석이 피 한 방울 흘리지 않고 여왕의 보물 허리띠를 가져가는 꼴을 그냥 보고 있을 수 없지.'

헤라는 아마존 전사로 변신해 호들갑스럽게 외치며 소란을 피우기 시작했다.

"큰일이다! 히페리온 여왕님이 이방인들의 배에 볼모로 잡혀 가셨다! 모두 가서 여왕님을 구하자!"

아마존 전사들은 부리나케 무장하고 말에 올라 항구로 쳐들어갔다. 배로 들이닥치는 아마존 전사들을 본 헤라클레스는 히페리온 여왕이 자신을 잡기 위해 함정을 팠다고 오해하고 여왕을 죽여 시신에서 허리띠를 벗겨냈다. 허리띠를 얻은 헤라클레스는 몰려오는 아마존 전사들을 격퇴하고 다시 기나긴 항해를 거쳐 그리스로 돌아가, 가지고 돌아온 허리띠를 에우리스테우스에게 바쳤다.

나를 속이다니!

태양에게 빌린 거대한 잔으로
소 떼를 데리고 귀환하다

헤라클레스는 먼 길을 달려 돌아온 보람도 없이 곧바로 **게리온이 기르는 소 떼를 데려오라**는 과업을 수행하러 다시 길을 떠나야 했다.

게리온은 머리 셋 달린 거인으로, 보기만 해도 오금이 저릴 만큼 으스스한 괴물이었다. 가슴부터 위는 세 개로 나뉘어 있어 머리세 개와 여섯 개의 팔이 달려 있고, 허리 아래는 다리가 여섯 개나붙어 있는 괴이한 모습을 하고 있었다. 이 거인이 사는 곳은 세계의 서쪽 끝에 있는 에리테이아라는 섬이었다. 이 세상의 끝에는 오케아노스라는 거대한 강이 흐르는데, 에리테이아는 오케아노스 강지류의 서쪽 끝에 떠 있는 섬이었다. 게리온은 그 섬에서 털이 붉은 소를 길렀는데, 에우리티온이라는 소몰이꾼과 오르트로스라는 개가 소 떼를 지켰다. 오르트로스는 두 개의 머리에 꼬리 대신 살아 있는 뱀이 달린 무서운 괴물이었다.

헤라클레스는 에리테이아 섬을 목표로 하고 서쪽으로 서쪽으로 기나긴 여정에 올랐다. 그리고 오늘날의 지브롤터 해협에 이르렀을 때, 그는 이 여행을 기념해 해협 남북으로 서로 마주 보도록 우뚝 솟은 산 위에 기둥 하나씩을 세웠다. 지브롤터 바위(Rock of Gibraltar) 또는 세우타(Ceuta) 바위라고도 부르는 이 바위는 지금도 '헤라클레스의 기둥'이라는 이름으로 뱃사람들에게 널리 알려져 있다.

대지의 서쪽 끝에 당도하자 헤라클레스는 에리테이아 섬으로 건너가기 위해 태양신 **헬리오스**에게 황금 잔을 빌렸다. 사실 헤라클레스는 북아프리카 사막을 여행할 때 따가운 햇살에 짜증이 나자 활로 태양을 겨냥하고 시위를 당기려 했다. 이를 본 헬리오스는 헤라클레스의 두둑한 배짱에 감탄해 영웅에게 힘을 빌려주겠노라고 약속했었다.

"그 활을 거두면 오케아노스 강을 건널 때 내 잔을 빌려주겠다."

태양은 온 세상에서 일어나는 모든 일을 보아 알고 있었기에 헤라클레스가 무엇을 위해 여행을 하는지도 당연히 알고 있었다. 그래서 헤라클레스가 언젠가 오케아노스 강을 건너야 할 날이 오리라는 것도 잘 알고 있었던 것이다.

무사히 섬에 도착한 헤라클레스는 먼저 파수를 보던 오르트로스를 곤봉으로 때려죽이고, 소몰이꾼인 에우리티온도 쓰러뜨린 다

음 소 떼를 몰고 가려 했다. 하지만 해안에 이르기 전에 이변을 알
아차린 게리온이 쫓아왔다. 헤라클레스는 그 거인을 활로 쏘아 죽
였다. 그러고는 소 떼를 황금 잔에 싣고 오케아노스를 건넌 다음,
다시 소 떼를 몰고 스페인을 거쳐 남프랑스, 이어서 이탈리아를 지
나는 기나긴 여행을 했다.

돌아오는 길에도 이런저런 사건이 있었고, 우여곡절 끝에 그리
스에 도착했을 때는 소 떼의 수가 상당히 줄어 있었다. 헤라클레스
는 남은 소를 에우리스테우스에게 건넸다.

아틀라스를 대신해 하늘을 떠받친
헤라클레스

게리온의 소 떼를 데리고 돌아온 헤라클레스는 마침내 에우리스테우스가 내준 열두 가지 과업을 모두 완수했다. 그래도 에우리스테우스는 못마땅한지 생트집을 잡았다.

"두 가지는 열두 가지 과업으로 셈해줄 수 없느니라."

어쩔 수 없이 헤라클레스는 두 가지 과업에 더 도전해야 했다. 두 가지 모두 불가능하게 여겨지는 난제 중의 난제였다.

먼저 **헤스페리데스의 정원에서 사과를 따오라**는 과업이 주어졌다. 세계의 서쪽 끝에는 인간의 발길을 절대로 허락하지 않는 낙원이 있고, 그곳에는 탐스러운 열매를 맺는 사과나무가 자란다. 그 사과나무는 헤스페리데스라는 아름다운 세 님프 자매가 머리 백 개 달린 용과 함께 지키고 있었다.

헤라클레스는 그때까지 여전히 인간 영웅이었기에 헤스페리데스의 정원에 발을 들일 수 없었다. 하지만 헤라클레스는 포기하지 않고 세계의 서쪽 끝에서 하늘을 떠받치고 있던 **아틀라스**를 찾아가 제안했다.

"내가 잠시 당신을 대신해 하늘을 떠받치고 있을 터이니, 그동안 헤스페리데스의 정원으로 가서 사과를 따다 주지 않겠나?"

헤라클레스의 당돌한 제안에 아틀라스는 어안이 벙벙했다. 헤라클레스가 제아무리 장사라고 해도 인간의 몸으로 자신을 대신해 하늘을 떠받칠 수는 없다고 생각했기 때문이다. 아틀라스는 인간의 몸으로 할 수 있는 일이 아니라며 좋은 말로 타일렀지만 헤라클레스는 끈덕지게 부탁했다.

헤라클레스의 끈질긴 부탁에 아틀라스는 그럼 시험 삼아 하늘을 떠받쳐 보라며 어깨에 하늘을 올려주었다. 그러자 헤라클레스가 하늘이 미동도 하지 않을 만큼 굳건하게 떠받치는 게 아닌가! 이를 본 아틀라스는 한시도 쉬지 못하고 지속하던 고된 임무를 헤라클레스의 어깨에 잠시나마 맡겨두고는 헤스페리데스의 정원으로 가 사과 세 개를 따서 돌아왔다.

헤라클레스는 어렵사리 얻은 사과를 에우리스테우스에게 가지고 돌아갔다. 그런데 헤라클레스가 에우리스테우스에게 사과를 바치자마자 아테나 여신이 나타났다.

"이 열매는 인간의 손에 들어가서는 안 된다."

여신은 에우리스테우스를 엄하게 꾸짖고 사과를 빼앗아 나무에 돌려놓았다. 이제 헤라클레스가 해야 할 과업은 하나로 줄어들었다.

'목숨이 쇠심줄보다 더 질긴 저 인간을 어찌할꼬! 이번에야말로 저자가 성히 돌아오지 못할 명령을 내려야겠다.'

헤라클레스라는 이름만 들어도 신물이 날 지경인 에우리스테우스는 고심 끝에 황당한 과업을 전달했다.

"저승으로 내려가 입구를 지키는 케르베로스를 내 앞에 데려오너라."

불가능하다고 여겨진
저승 여행

"저승으로 가서 케르베로스를 데려오라"는 명령이 떨어졌을 때 세상 무서울 게 없는 헤라클레스도 절망했다.

'내 운도 다했구나. 내 운명은 여기까지인가 보다.'

그도 그럴 것이 산 사람의 몸으로는 저승문을 통과할 수 없다는 지엄한 법도가 있었기 헤라클레스가 저승 문턱을 넘으려면 하나뿐인 목숨을 버려야 했기 때문이다.

낙담한 헤라클레스 앞에 아테나 여신이 하늘에서 내려와 죽지 않고 저승으로 가는 방법을 가르쳐주었다. 헤라클레스는 여신의 가르침에 따라 아티카의 엘레우시스로 가 농업의 여신 데메테르의 신전에서 열리는 비밀 의식에 참가했다. 엘레우시스에서 치른 비밀 의식 덕분에 헤라클레스는 저승으로 갈 첫 채비를 마칠 수 있었다.

　무사히 의식을 마친 헤라클레스는 라코니아의 타이나론 곶으로 갔다. 그곳에는 저승까지 이어진다는 기나긴 길의 입구가 있었고, 헤라클레스는 그 길을 따라 저승까지 내려갔다. 망자의 영혼을 저 승까지 데려가는 임무를 맡은 헤르메스가 헤라클레스의 저승길 동 무가 되어주었다.

　저승에 도착한 헤라클레스는 그곳을 다스리는 왕인 하데스에게 탄원했다.

　"부디 케르베로스를 지상으로 데려가 에우리스테우스에게 보여 주고 돌아올 수 있도록 허락해주십시오."

　황당한 부탁을 받은 하데스는 순간 말문이 막혔다. 하지만 일 부러 힘들게 저승까지 찾아온 헤라클레스에게 아량을 베풀어야겠 다고 생각했다. 그래서 딱 잘라 거절하지 않고 조건을 내걸고 허 락했다.

　"아무 무기도 쓰지 않는다면 네 뜻대로 해도 좋다."

　말도 안 되는 조건을 내걸면 헤라클레스가 얼토당토않은 모험 을 포기하고 얌전히 돌아가리라는 계산이 포함되어 있었다. 그런 데 하데스의 말이 떨어지기가 무섭게 헤라클레스는 케르베로스에 게 다가가더니 무시무시한 괴물의 목을 양손으로 붙잡고 있는 힘 껏 조르기 시작했다. 케르베로스는 머리가 셋이나 달린 데다 몸에 서는 수많은 뱀이 자라나 혀를 날름거리고 있었다. 헤라클레스는 뱀들이 온몸을 무는데도 눈 하나 깜빡하지 않고 목을 조르는 힘을 늦추지 않았다.

마침내 케르베로스가 항복해 꼬리를 내리고 길이 잘 든 순한 강아지처럼 헤라클레스에게 복종했다. 헤라클레스는 케르베로스를 끌고 지상으로 돌아올 수 있었다. 케르베로스라는 괴물을 본 에우리스테우스는 혼비백산해 또다시 청동 가마솥 안으로 도망쳐 들어갔다.

"그 무서운 괴물을 지금 당장 저승에 되돌려주어라!"

에우리스테우스가 가마솥 안에서 울부짖으며 벌벌 떠는 목소리로 악까지 쓰는 통에 헤라클레스는 고생 끝에 데려온 케르베로스를 곧바로 돌려보내야 했다.

이렇게 헤라클레스는 에우리스테우스가 내주는 열두 가지 과업을 성공적으로 완수했다. 후대에 전해지는 유명한 열두 가지 과업 이외에도 헤라클레스는 수많은 모험을 했다. 그중에서도 다음에 소개할 신들과 거인족과의 전쟁에서 그가 신들의 편이 되어 싸우며 올린 공적을 가장 큰 업적으로 꼽는다.

신들의 승리에 공헌한
헤라클레스

거인족은 가이아가 제우스의 적수로 낳은 일종의 생물병기였
다. 거인들은 신들과 달리 불사의 몸은 아니었지만 가이아의 자식
답게 특출한 능력을 갖추었기에 신들의 힘만으로는 감당이 되지
않았다. 신들은 얄미운 거인족을 토벌하지 못해 골머리를 앓았다.
거인족은 태생적으로 인간이 신에게 힘을 빌려주고서야 비로소 쓰
러뜨릴 수 있는 존재였기 때문이다.

때문에 신들은 거인과 싸워서 이길 인간을 아군으로 만들어야
했다. 제우스는 예전부터 인간의 힘이 필요해질 거라는 사실을 훤
히 내다보아 알고 있었기에, 자신의 자식 중에서도 특히 용맹한 헤
라클레스를 신이 아닌 인간 영웅으로 태어나도록 미리 손을 써두
었다. 거인족과의 전쟁이 시작되자 헤라클레스를 물심양면으로 도

와주던 아테나 여신은 헤라클레스에게 신들의 편에 가담하라고 명령했다.

거인족 중에서도 특히 **알키오네우스**(Alcyoneus), **포르피리온**(Porphyrion), **에피알테스**(Ephialtes)는 버거운 상대였다. 알키오네우스는 자신이 태어난 팔레네에서 싸울 때는 땅바닥에 몸이 닿을 때마다 힘이 갑절로 증가하는 불사신이었다. 아테나가 미리 조언해주어 알키오네우스에 대해 알고 있던 헤라클레스는 그를 팔레네 바깥으로 유인해 처치했다.

포르피리온은 전장에서 헤라와 싸우는 동안 그녀에게 욕정을 느껴 여신의 옷을 찢어발기고 범하려 했다. 헤라는 새된 비명을 지르며 도움을 요청했고, 그 소리를 들은 제우스는 아내를 욕보이려는 거인에게 번개를 내리쳤다. 그 덕분에 헤라는 가까스로 정절을 지킬 수 있었다. 그러나 이 불한당 같은 적의 숨통은 헤라클레스의 화살이 끊어놓았다.

에피알테스는 아폴론이 왼쪽 눈을, 헤라클레스가 오른쪽 눈을 쏘아 죽였다.

물론 다른 신들도 가만히 보고만 있지는 않았다. 디오니소스는 지팡이를 휘둘렀고, 헤파이스토스는 용광로를 내던졌다. 신들은 각자 자랑스럽게 여기던 소지품을 무기로 삼아 힘을 보탰다. 또 헤르메스는 지하에 있어 전쟁에 참전하지 못한 하데스에게서 머리에 쓰면 모습을 감출 수 있는 투구를 빌려와 전장을 누비며 적재적소에 힘을 빌려주었다. 신들은 각자 생각해낼 수 있는 최선의 방식으로 거인족과 맞서 싸웠고, 끝내 거인족을 쓰러뜨렸다.

신들이 일단 거인들을 제압하면 헤라클레스가 나서 연달아 화살을 쏘아 확실하게 숨통을 끊어놓았다. 신들은 헤라클레스 덕분에 이 전쟁에 승리하여 마침내 거인족을 멸망시킬 수 있었다.

죽음의 원인이 된
데이아네이라와의 결혼

    헤라클레스는 이후로도 수많은 모험을 했지만, 그의 모험담을 하나하나 살펴보려면 이 책이 끝날 때까지 헤라클레스 이야기만 늘어놓아도 지면이 모자랄 판이다. 그래서 그의 모험담은 이쯤에서 정리하고, 이 영웅이 결국 어떻게 죽음을 맞이하고 하늘로 올라가 신이 되었는지를 설명하기 위해 필요한 몇 가지 사건만 추려서 소개하고자 한다.

    케르베로스를 지상으로 데려오려고 저승까지 여행을 떠났을 때, 헤라클레스는 황천에서 **멜레아그로스**(Meleagros)라는 유명한 영웅의 망령을 만났다.

    "이승에 두고 온 가엾은 여동생을 생각하면 내 죽어서도 편히 눈을 감을 수가 없구나. 지상으로 돌아가거든 부디 **데이아네이라**

(Deianeira)와 결혼해 그 아이를 잘 보살펴주기 바라네."

헤라클레스는 멜레아그로스에게 여동생을 보살펴줄 것을 부탁받았고 선선히 승낙했다. 그때 이미 첫 번째 아내였던 메가라와의 결혼이 파국을 맞이했기 때문이다. 헤라에게 조종당해 실성했던 헤라클레스는 메가라와의 사이에서 태어난 자식들을 몰살했고, 자식을 죽인 아비로서 결혼을 지속할 자격이 없다고 생각했었다. 결국 헤라클레스는 충실한 조카 이올라오스와 메가라를 결혼시켰다.

에우리스테우스가 내준 과업을 완수하고 해방된 헤라클레스는 칼리돈으로 가서 데이아네이라 공주에게 혼담을 넣었다. 사실 데이아네이라는 이미 아켈로오스(Achelous)라는 강의 신에게 청혼을 받은 상태였다. 그녀는 황소나 뱀처럼 징그러운 생물로 변신해 추근추근 접근하는 이 신과 결혼할 생각이 없었지만, 거절하면 아켈로오스가 칼리돈에 해를 가할까 두려워 확답을 차일피일 미루며 속만 끓이고 있었다. 징글징글한 구혼자에게서 해방되고 싶었던 데이아네이라는 헤라클레스에게 말했다.

"아켈로오스라는 강의 신을 혼내주어 저를 포기하게 해주세요. 그렇게 해주신다면 기꺼이 당신의 아내가 되어드리겠어요."

헤라클레스는 강의 신과 맞서 싸웠지만 얌체처럼 온갖 생물로 변신하는 통에 애를 먹었다. 하지만 아켈로오스가 황소로 변신했을 때 뿔 하나를 꺾는 데 성공해 항복을 받아냈고 데이아네이라를 포기하겠다는 약속까지 하게 만들었다.

그렇게 데이아네이라와 결혼한 헤라클레스는 한동안 칼리돈에 살다가 타이탄 산맥 근처의 트라키스라는 고장으로 이주했다. 트라키스로 가는 길에는 칼리돈 동쪽을 흐르는 에우에노스 강을 건너야만 했다. 그런데 이 강을 건널 때 어처구니없는 사건이 발생하고 만다. 강기슭에 살며 강을 건너려는 여행자들을 건너편 기슭까지 데려다주는 일을 하던 **네소스**(Nessus)라는 켄타우로스가 사건의 원흉이었다.

네소스에게 속은
데이아네이라

헤라클레스는 네소스에게 아내인 데이아네이라를 건너편 기슭까지 데려다주라고 부탁했고, 자신은 혼자서 헤엄쳐 강을 건너려 했다. 그런데 먼저 건너편 기슭에 도착한 네소스는 켄타우로스 특유의 야만스럽고 호색한 기질이 발동해 느닷없이 데이아네이라를 덮쳐 욕보이려 했다. 아내의 비명을 들은 헤라클레스는 강을 건너던 도중에 활을 쏘아 네소스를 명중시켰다. 그런데 네소스가 숨을 거두기 직전 데이아네이라에게 못된 꾀를 불어넣었다.

"마님, 제 상처에서 흐르는 피를 받아다 소중하게 간직해 두십시오. 제 피는 강력한 힘을 지닌 미약입니다. 혹시 부군께서 다른 여자에게 눈길을 주시거든 제 피를 바른 옷을 부군께 입히십시오. 그리하면 부군의 사랑을 되찾을 수 있답니다."

순진한 데이아네이라는 네소스의 말을 믿고 피를 모아 소중히 간직했다. 그런데 네소스의 피는 미약이 아닌 맹독을 품은 독약이었다. 헤라클레스는 히드라를 퇴치했을 때 그 뱀의 간에서 나온 피에 화살을 적셔 자신이 쏘는 활을 독화살로 만들었었다. 헤라클레스의 활에 맞은 상처에서 흘러나온 네소스의 피에는 히드라의 맹독이 스며들어 있었던 것이다.

이후 헤라클레스는 오이칼리아라는 지방을 공략했다. 그곳을 다스리던 에우리토스 왕에게는 **이올레**(Iole)라는 아름다운 딸이 있었다. 사실 헤라클레스는 데이아네이라를 아내로 맞아들이기 전부터 이올레에게 마음이 있었고 청혼까지 했었다. 당시 에우리토스 왕은 "활 시합을 해서 나와 내 아들들을 이기는 자에게 이올레 공주를 시집보내겠다"고 공언했었다. 그 소식을 들은 헤라클레스는 오이칼리아로 가서 활 시합을 벌여 왕과 왕자들을 어린애 손목 비트는 것보다 더 쉽게 이겨버렸다. 하지만 에우리토스 왕은 약속을 어기고 이올레를 헤라클레스의 신부로 내주기를 거부했다. 헤라클레스가 메가라가 낳은 자식들을 몰살했다는 끔찍한 소식을 풍문으로 전해 들었기 때문이다.

"제 자식을 죽인 비정한 사내에게 소중한 내 딸을 줄 수 없느니라."

헤라클레스는 약속을 어긴 에우리토스에게 앙심을 품고 있었고, 결국 오이칼리아를 공격해 함락시킨 것이었다. 헤라클레스는 왕과 왕자들을 죽이고 이올레를 포로로 사로잡았다. 오랜 세월 자

귀도 레니 〈켄타우로스 네소스에게 납치당하는 데이아네이라〉 루브르 미술관 소장(프랑스)

신의 것으로 만들기 위해 애를 태웠던 미녀를 얻은 헤라클레스는 이올레에게 열정을 불태웠다.

한편, 남편이 외간여자에게 푹 빠져 지낸다는 소식을 전해 들은 데이아네이라는 결심을 굳혔다.

'때가 왔구나. 지금이야말로 네소스가 남기고 간 미약을 쓸 때다.'

데이아네이라는 숨겨두었던 네소스의 피를 남편의 속옷에 발라 그 옷을 헤라클레스에게 보냈다.

승천해 신이 된
헤라클레스

"낭군님, 오이칼리아에서 거둔 눈부신 승리를 감축 드리옵니다."

데이아네이라가 전언과 함께 보낸 여벌 속옷을 헤라클레스는 아무 의심 없이 순순히 걸쳤다. 그러자 체온으로 속옷이 달구어지며 히드라의 독이 서서히 몸으로 스며들었고, 순식간에 극심한 통증이 찾아왔다. 헤라클레스는 격렬한 통증과 싸우며 속옷을 찢어 발기려 했지만 이미 피부에 달라붙어 살점까지 한꺼번에 뜯겨 나갔다. 헤라클레스는 고통에 허덕이며 부하에게 명령했다.

"나를 배에 실어 트라키스까지 데려다 다오."

헤라클레스가 집에 도착했을 때 데이아네이라는 이미 자결한 뒤였다. 자신이 저지른 과오를 한발 앞서 돌아온 전령을 통해 듣고 깨달았기 때문이다.

헤라클레스는 오이타 산 정상으로 자신을 데려가게 한 뒤, 화장을 위해 장작더미를 쌓게 했다. 장작이 차곡차곡 쌓이자 그 위에 몸을 눕힌 헤라클레스는 장작더미에 손수 불을 붙였다. 그러자 그가 어머니 알크메네에게 받은 필멸자의 육신은 불에 깨끗이 타버리고 아버지 제우스에게 받은 불사신 부분이 인간의 육신에서 완전히 해방되었다.

이윽고 산꼭대기가 뭉게뭉게 구름에 휩싸였고, 천둥과 벼락이 내리치는 가운데 마차 한 대가 내려왔다. 아테나 여신이 마부 역할을 맡아 모는 마차에 무장한 모습으로 올라탄 헤라클레스는 그가 인간으로 사는 동안 한결같이 지켜보며 도와주던 여신에게 인도받아 하늘로 올라갔다.

천상에서는 올림포스 신들이 모두 모여 헤라클레스를 마중 나왔고, 그는 그렇게 신들의 일원이 되었다. 제우스는 헤라클레스를 올림포스의 열두 신 중 하나로 삼으려 했지만, 헤라클레스는 정중하게 사양했다.

"저 때문에 다른 신이 그동안 얻은 영광을 잃게 되는 건 제가 바라는 바가 아닙니다."

헤라클레스는 겸손하게 한발 물러나는 길을 선택했다.

"신이 되어 이제 한 식구가 된 헤라클레스와 화해하고, 어머니와 아들의 연을 맺어 오늘 이 순간부터 아들처럼 사랑하도록 하시오."

인간이었던 헤라클레스를 증오해 모진 구박과 박해를 일삼던 헤라에게 제우스가 명령했다. 헤라는 제우스의 분부대로 침대에 누웠고 헤라클레스의 몸을 자신의 몸 가까이 끌어당겼다. 그리고 입고 있던 옷을 허물 벗기듯 벗겨 그를 땅바닥에 추락시켰다. 이 출산을 빗댄 기묘한 의식으로 헤라는 헤라클레스를 자신이 배 아파 낳은 아들과 다름없이 여기게 되었다.

헤라클레스를 자신의 아들로 삼은 헤라는 자신의 딸이자 올림 포스 여신 중에서도 각별하게 아름다운 청춘의 여신 **헤베**를 아내로 내주었다.

야코포 틴토레토 〈은하수의 기원〉 런던 내셔널 갤러리 소장(영국)

■ 제우스의 아내 헤라가 언제 어떻게 복수할지 몰라 마음 졸이던 알크메네는 젖이 나
오지 않아 고생했고, 헤라클레스는 젖을 양껏 빨지 못해 배를 곯아야 했다. 제우스
는 소중한 아들을 굶겨 죽일 수 없어 헤라를 잠재우고는 그녀의 가슴에서 흘러나온
'불사의 젖'을 헤라클레스에게 먹였다. 그런데 갓난아기 때부터 힘이 장사였던 헤라
클레스가 젖을 빠는 힘이 너무 강해 뻐근한 통증에 정신을 차린 헤라는 갓난아기를
품에서 떼어놓았다. 하지만 헤라클레스는 헤라의 젖을 받아먹은 덕분에 불사의 몸
을 가지게 되었고, 그때 흘러나온 헤라의 젖이 은하수가 되었다고 한다. 은하수를
영어로 '밀키웨이(milky way)'라 부르게 된 것도 이 이야기에서 비롯되었다.

제5장

인간의 시작과
영웅들의 종족

황금과 은과 청동의
종족들

크로노스가 왕좌에 앉아 티탄들과 함께 세계를 지배하던 시절, 지상에는 이미 가장 오래된 인간 종족이 살고 있었다. 황금의 종족이라 불리는 이 인간들은 신들과 달리 언젠가 죽어야 할 운명을 타고났다. 요컨대 신들과 인간의 근본적 차이는 이 시대에 이미 정해져 있었던 셈이다.

그러나 영생을 누리지 못한다는 점 이외에 **황금의 종족**은 오늘날 인간보다 훨씬 신에 가까운 행복한 생활을 영위했다. 그들은 불사는 아니었지만 늙지 않았고, 병이나 다른 고통이나 슬픔에도 전혀 시달리지 않았기 때문이다. 게다가 그들이 원하는 것은 무엇이든 대지가 기꺼이 내주었다. 따라서 그들은 오늘날의 인간과 달리 일할 필요가 없었고, 천상의 신들과 별반 다르지 않을 정도로 매일 잔치를 벌이며 행복하게 살았다. 황금의 종족은 눈을 감는 그 순간까지 삶을 만끽했다. 그들은 평생 청춘을 즐기며 신과 같이 살다 잠자듯 편안하게 지상에서의 생을 마감했다.

이후 제우스는 **은의 종족**과 **청동의 종족**을 창조했다. 그러나 이 두 종족은 황금의 종족에 훨씬 못 미치는 존재였다.

은의 종족은 성장 속도가 비정상적으로 느려 청년이 될 때까지 백 년이나 걸렸다. 게다가 경건함이라고는 눈을 씻고 봐도 찾아볼 수 없을 정도로 오만방자했기에 신들에게 제사를 지내거나 경배할 생각조차 하지 않았다. 제우스는 결국 인내심이 한계에 달해 은의 종족을 멸망시켰다.

은의 종족을 멸망시킨 제우스는 다시 청동의 종족을 창조했다. 그들은 태어날 때부터 난폭한 괴력의 전사들이었다. 청동의 종족은 싸움 이외에는 매사에 시큰둥했다. 그들은 오로지 전쟁에만 혈안이 되어 하루가 멀다 하고 피비린내 나는 싸움을 되풀이했다.

은의 종족과 청동의 종족 모두 현재 인류와는 판이하게 달랐고, 인간인지 신인지조차 불분명했다. 즉, 이 세 종족이 탄생했던 시대에는 신과 인간의 구별이 지금처럼 분명하지 않았다.

제우스는 그가 지배하는 세계에 질서(코스모스)를 부여하기 위해 가장 중요한, 신과 인간과의 경계를 바로잡고자 했다. 언제까지 둘의 경계가 애매한 채로 둘 수는 없는 노릇이었다. 제우스는 신과 인간 각각의 운명의 차이를 규율하고, 양자의 구별을 확실하게 만들기로 결심했다.

제우스를 속이려 했던
프로메테우스

제우스가 그때까지 불분명했던 신과 인간의 차이를 명확히 바로잡고 양자의 구별을 확실하게 만들고자 마음먹었을 무렵, 기다렸다는 듯이 **프로메테우스**(Prometheus)라는 신이 제우스 앞에 나섰다.

"제우스여, 부디 그 임무를 제게 맡겨주십시오."

프로메테우스의 아버지는 티탄 일족의 일원인 이아페토스(Iapetus)였고, 세계의 서쪽 끝에서 하늘을 떠받치는 괴력의 거인 아틀라스와 프로메테우스는 형제 사이였다. 프로메테우스 역시 티탄 일족이었지만 아버지나 형과 달리 전쟁에서 제우스 편에 가담했다. 그는 신들 중에서도 특출한 혜안의 소유자로 선견지명을 발휘해 전쟁에서 제우스가 최종적으로 승리할 것을 알고 있었다. 뛰어난 통찰력에 행동력까지 갖춘 프로메테우스는 침몰하는 배에서 탈출하듯 동족을 버리고 재빨리 제우스 편으로 옮겨갔던 것이다.

비록 동족에게 등을 돌리고 제우스 편에 가담했다고는 하지만 프로메테우스는 제우스에게 완전히 복종할 생각이 없었다. 배 속에 칼을 품은 프로메테우스는 아버지나 형처럼 힘에 기대 제우스와 승산 없는 전쟁을 벌이지 않고, 특기인 지혜를 발휘해 언젠가 제우스에게 한 방 먹일 기회를 엿보고 있었다. 프로메테우스는 제우스가 자신을 신뢰할 수 있는 지기라고 믿게 만들기 위해 각고의 노력을 기울였고, 제우스의 호감을 살 기회를 호시탐탐 노렸다.

제우스가 세계의 지배자로 첫걸음을 내딛으며 세운 중요한 계획이 신과 인간의 구별을 확실히 바로잡는 일임을 알게 되자 프로메테우스는 기회를 놓치지 않고 잽싸게 나서 그 임무를 맡겠다고 자청했다.

'옳거니! 드디어 제우스의 코를 납작하게 밟아줄 기회가 왔구나.'

제우스가 프로메테우스의 제안을 받아들이자, 프로메테우스는 거대한 소를 도살해 둘로 나누어 제우스에게 말했다.

"소를 잡아 나누어 한쪽 부분을 신들 몫으로 드리고, 나머지 한쪽을 인간에게 내어주면, 여태까지 불분명했던 신과 인간의 경계가 분명해질 것입니다. 어느 쪽을 신들의 몫으로 가져갈지 제우스님께서 정해주십시오."

그리스어로 '부분'과 '몫'이라는 의미를 가진 단어를 **'모이라'**라 부른다. 운명의 여신들을 모이라이('모이라'의 복수형)라 부르듯 모이라는 운명을 뜻하는 낱말이기도 하다.

　우리가 사는 세계에서는 각자의 몫이 정해져 있고 주어진 몫만큼 본분을 다해야 한다. 또한 그 본분에서 벗어나는 행동은 결코 용납되지 않는다. 각자에게 배당된 변경할 수 없는 '**몫**(모이라)'은, 다시 말해 그 사람에게 주어진 불가피한 '**운명**(모이라)'인 셈이다.

　프로메테우스는 소를 둘로 나누어 그중 한 덩어리를 신들의 '운명(모이라)'인 '몫(모이라)'으로 삼고, 다른 한 덩어리를 인간의 '모이라(몫=운명)'로 삼으려 했다. 그리고 그 신들의 모이라의 향방은 오로지 제우스의 선택에 맡겨졌다.

제우스에게 간파당한
프로메테우스의 꾀

프로메테우스에게는 복안이 있었다. 제우스에게 결정권을 맡기는 척하며 속임수를 써서 시원하게 뒤통수를 칠 속셈이었다. 그래서 소를 둘로 나눌 때 지혜를 있는 대로 그러모아 교묘한 술수를 부렸다.

프로메테우스는 먼저 소를 부위별로 나누고 크게 두 덩이로 나누었다. 우선 한쪽에는 **살코기와 내장**을 따로 모았다. 이 맛난 부위를 먹을 수 없는 소가죽으로 감싸 숨긴 다음, 소의 위장 속에 우겨넣었다. 또 다른 한쪽에는 먹을 수 없는 **소뼈**를 갈무리해 두었다가 차곡차곡 쌓아 올려 가지런하게 모양을 갖춘 다음, 군침이 흐를 정도로 맛있는 부위처럼 보이도록 두툼한 **비계**로 감싸 속에 든 뼈를 숨겼다.

'꼴좋다. 이렇게 하면 제우스는 필시 맛있어 보이는 비계 덩어리에 현혹되어 아무짝에도 쓸모없는 뼈가 든 덩어리를 신들의 몫으로 선택하겠지. 그리하면 위장 속의 살코기와 내장뿐 아니라 다양한 쓰임새로 편리하게 요모조모 써먹을 수 있는 소가죽까지 인간의 몫으로 떨어진다. 좋은 쪽은 뭐든지 신들이 독차지하고, 인간에게는 그 찌꺼기나 다름없는 나쁜 운명만 점지해주려던 제우스의 못된 계획은 완전히 물거품이 되겠지.'

프로메테우스는 속으로 쾌재를 불렀지만 제우스는 속아 넘어가지 않았다.

"자네는 내 소중한 지기이자 위대한 현자다. 역시 기대를 저버리지 않고 내가 바라던 대로 공평하게 분배했구나."

제우스의 말만 듣고 보면 프로메테우스가 제우스의 믿음을 저버리지 않고 흡족한 결과물을 내놓아 만족한 것처럼 들리지만, 제우스는 속아 넘어간 척 능청스럽게 연기하고 있을 뿐 프로메테우스의 계략을 손바닥 보듯 훤하게 꿰고 있었다. 제우스는 프로메테우스가 위장 속에 무엇을 넣고, 먹음직스러운 비계 아래에 무엇을 숨겼는지를 잘 알고 있었다.

제우스는 프로메테우스의 계략대로 비계로 덮은 뼈 무더기 쪽을 가리켰다.

"이쪽을 신들의 몫으로 정하겠네."

제우스가 선언했다.

그때부터 소를 신들에게 제물로 바치는 의식을 치르기 위해 소를 도살하고 난 후 소뼈를 비계와 함께 제단에서 태워 구수한 냄새만 하늘로 피워 올리면 신을 섬기는 의무를 다한 셈이었다. 그리고 남은 살코기와 내장뿐 아니라 가죽까지 자유롭게 사용할 수 있게 되었다.

공물로 확인된
신과 인간의 구별

프로메테우스 덕분에 제우스와의 거래에서 인간 쪽이 짭짤하게 재미를 본 것 같지만 실상은 달랐다.

제우스가 비계로 감싸 숨긴 소뼈를 신들의 몫으로 선택한 데는 그럴 만한 이유가 있었다. 뼈야말로 제우스가 애초부터 신들 몫으로 주려고 예정했던 부분이기 때문이다. 인간의 몫으로 정한 살코기와 내장도 제우스가 본래 인간에게 주려고 했던 부위로, 우리 인간의 운명을 보여주는 데 그 이상의 부위가 없을 정도로 안성맞춤의 재료였다.

뼈는 소가 죽어도 말라비틀어지거나 썩어 문드러지지 않는 불멸의 부분이고, 살코기와 내장은 그 반대로 소가 죽으면 순식간에 부패해 지독한 악취를 풍기며 얼마 못 가 거죽만 남기고 쪼그라들고 만다. 그래서 뼈는 불사에 불멸인 신들의 운명을 상징하는 유일한 부분이며, 살코기와 내장은 짧은 시간을 살다가 흙으로 돌아가는 인간의 덧없는 운명에 걸맞은 부위였다.

게다가 인간은 신에게 제물을 바칠 때마다 마르지도 썩지도 않는 소뼈를 제단 위에서 태워 불로 정화해 구수한 연기를 하늘로 피워 올렸다. 그리고 제물을 바치는 의식을 치르는 과정에서 그 연기를 받은 신들이 천상에 있는 정결한 영적 존재라는 사실을 새삼 깨달았다.

반면 시간이 지나면 부패하는 소의 살코기와 내장을 자신들의 위장에 채워 넣으며 인간은 스스로가 지상에 얽매인 부정한 육신을 가진 존재이자, 언젠가는 죽어서 사라져야 할 운명을 짊어지고 태어났음을 뼈저리게 자각해야 했다.

제우스는 비계 속에 숨긴 뼈를 신들 몫으로 선택해 신에게 제물을 바치는 의식을 치르는 방법을 정했다. 프로메테우스는 신들에게 좋은 운명을 점지해주고, 인간에게는 나쁜 운명을 점지해주려 했던 제우스의 계획을 망쳐놓았다고 믿었다. 그러나 실제로는 프로메테우스의 계략이 노련한 제우스의 계획에 이용당했을 따름이다. 프로메테우스는 결국 제우스가 예정했던 대로의 운명을 신들과 인간 사이에 내주었을 뿐, 인간에게 유리한 거래를 성사시켜 제우스를 골탕 먹이지 못했다.

결과야 어찌 되었든 제우스는 최고신인 자신을 우롱하려 했던 프로메테우스가 괘씸했다. 그래서 프로메테우스가 좋은 운명을 주려고 했던 인간의 운명을 한층 가혹하게 만들어 그의 계략이 얼마나 허술했는지를 깨닫게 해주고, 동시에 최고신을 농락하면 얼마나 호된 대가를 치러야 하는지 알 수 있도록 본보기를 보여주기 위해 반격에 나섰다.

인간을 벌하기 위해
만들어진 여자

제우스는 인간의 운명을 한층 가혹하게 만들기 위해 무엇이든 아낌없이 내어주던 대지에게 인간이 노동을 하지 않으면 생활에 필요한 것을 순순히 내어주지 말라고 명했다. 그때부터 인간은 고된 노동으로 대지를 경작해 작물을 생산하고, 다른 물자도 고생스러운 과정을 거쳐 얻어야 살아갈 수 있는 운명을 부여받았다.

제우스의 보복은 거기서 그치지 않았다. 그때까지 인간이 자유롭게 사용하던 **불**을 천상으로 거두어 가버렸다. 인간들은 궁지에 몰렸고, 어쩔 줄 몰라 쩔쩔매기만 했다. 불이 없으면 인간은 동물 중에서도 가장 무력한 존재이기 때문이다.

다행히 인간에게 절망적이었던 이 상태는 그다지 오래가지 않았다. 프로메테우스가 인간을 위해 천상에서 불을 훔쳐다 준 덕분

장 쿠쟁 〈에바 프리마 판도라〉 루브르 미술관 소장(프랑스)

이다. 불을 훔칠 때 프로메테우스는 회향이라는 식물을 절묘하게 이용했다. 이 식물 줄기에는 축축한 녹색 외피 속에 마른 심지가 들어 있다. 프로메테우스는 회향 줄기를 잘라 한쪽 끄트머리에 불을 붙였다. 불은 줄기 안쪽까지 천천히 타 들어갔지만, 겉에서 보면 안에 있는 심지가 타고 있다는 사실을 알 수 없었다. 프로메테우스는 감쪽같이 제우스의 눈을 피해 불을 지상으로 가져와 인간에게 건네주는 데 성공했다. 프로메테우스가 하늘에서 불을 훔쳐내 인간에게 주었다는 소식을 들은 제우스는 노발대발했다.

"네 이놈! 너는 네가 자랑하는 지혜를 이용해 나를 속이고 인간에게 좋은 것을 주어 내 계획을 망쳤다고 착각하고 있었겠지. 하지만 그 생각은 어디까지나 네 착각일 뿐! 인간은 언젠가 너에게 받은 은혜를 기뻐하는 대신 원망하게 되리라. 네 도둑질로 얻은 보상은 인간이 그 값을 톡톡히 치르게 될 것이야. 인간은 응분의 대가를 치를 것이고, 나는 인간에게 네가 훔쳐낸 만큼의 재앙을 내릴 것이니라. 그들은 내가 내린 재앙을 피할 수 없다. 어리석은 인간은 재앙인 줄 모르고 두 팔 벌려 환영하며 내가 보낸 선물을 끌어안고 기뻐할 테지."

제우스는 신들을 모아 명령했다.

"모두 힘을 합쳐 인간 여인을 만들어라!"

그때까지 인간은 남자끼리 어울려 살았다. 제우스의 명령으로 인간 여자가 처음 만들어졌다. 그 최초의 여자는 불을 얻은 대가로 인간에게 내려진 재앙으로써 인간 세상에 내려왔다.

판도라가 뚜껑을 연 상자에
들어 있던 것

제우스는 먼저 무엇이든 뚝딱 만들어낼 수 있는 기술의 신 헤파이스토스에게 흙과 불을 반죽해 불사의 여신을 쏙 빼닮은 아름답고 어여쁜 여인의 몸을 만들게 했다. 그리고 미와 사랑의 여신 아프로디테에게 명해 뭇 남성들을 손바닥 위에 올려놓고 가지고 놀다 남자들이 간이라도 빼주게 만들 정도의 마성적인 매력을 그 여인의 몸에 불어넣게 했다.

이어서 직조 기술을 관장하는 아테나 여신에게 명해 그 여인에게 베 짜는 기술을 가르치게 했다. 여인은 다채로운 의상을 만들어 타고난 매력을 한층 더 돋보이도록 꾸몄다.

제우스는 마지막으로 헤르메스에게 그가 지닌 도둑과 뻔뻔한 거짓말의 기술을 여인의 내면에 불어넣어 마무리하게 했다.

이렇게 인간 여인이 완성되자 여신들이 아름다운 옷을 입혀주고 관과 목걸이 등 온갖 장신구를 걸쳐 새신부 차림으로 공들여 치장해주었다.

"모든 신들이 힘을 합쳐 만들어내 인간에게 보내는 선물이라는 뜻에서 이 여인을 **판도라**(Pandora)라고 부르는 게 어떨까요?"

헤르메스가 운을 떼자 다른 신들도 찬성했다. 고대 그리스어로 '판'은 '모든 것'을, '도라'는 '선물'이라는 뜻이다.

"판도라는 제우스가 선물로 보내는 신부라고 일러주고, 프로메테우스의 동생 **에피메테우스**(Epimetheus)에게 데려다주어라."

제우스가 헤르메스에게 명령했다.

에피메테우스는 위대한 현자 프로메테우스와는 정반대로 어리석은 자였다. 프로메테우스는 제우스의 보복을 우려해 미리 동생에게 신신당부해 두었다.

"제우스가 선물이랍시고 무언가를 보내거든 절대 받아서는 안된다."

하지만 우매한 에피메테우스는 판도라의 아름다움에 눈이 멀어형의 충고 따위는 까맣게 잊어버렸다. 그리고 입이 귀에 걸리도록 신이 나 판도라를 두 팔 벌려 환영하며 신부로 맞아들였다.

그렇게 에피메테우스와 함께 살게 된 판도라는 어느 날 집 안에서 뚜껑을 꼭꼭 덮어둔 커다란 항아리를 발견했다.

'남편이 저 항아리 안에 도대체 무엇을 숨겨 두었을까?'

내용물을 알 수 없도록 뚜껑을 덮어 봉해둔 항아리는 호기심을 한껏 자극했고, 판도라는 항아리 안을 들여다보고 싶어 몸살이 날 지경이었다.

 그러던 어느 날, 판도라는 남편이 집을 비운 틈을 타 도둑 기질을 발휘해 항아리 안을 뒤져보기로 했다. 그녀는 무거운 뚜껑을 끙끙대며 벗겨냈다. 그런데 항아리 안에는 판도라가 기대했던 휘황찬란한 보물은 눈을 씻고 찾아봐도 보이지 않았다. 그 안에는 인간에게 고통과 죽음을 가져다주는 병마와 온갖 재앙이 가득 들어차 있었다.

여자라는 종족의 발생과
프로메테우스가 받은 벌

　판도라가 항아리 뚜껑을 열 때까지 인간은 고통이라고는 모르고 살았다. 재앙은 항아리 안에 봉인되어 있었기에 밖에 있는 이들에게 해를 끼치지 않았던 것이다.

　그러나 판도라가 뚜껑을 열자 항아리 안에 갇혀 있던 재앙이 일제히 바깥세상으로 뛰쳐나와 순식간에 온 세상을 가득 채우며 아수라장이 벌어졌다. 재앙은 인간의 눈에 보이지 않았고 소리도 들리지 않았다. 그때부터 인간은 눈에 보이지 않고 소리도 들리지 않아 언제 닥칠지 모르는 재앙에 끊임없이 위협받으며 고통스럽게 살아가야 했다.

　판도라가 황급히 뚜껑을 닫았을 때 항아리 안에는 한 가지가 남아 있었다. 바로 **희망**이다. 덕분에 인간은 외부에서 찾아오는 재앙으로 고뇌하면서도 마음속에 항상 희망을 품고 살아가게 되었다. 희망으로 힘과 용기를 얻은 덕분에 인간은 고달픈 인생길에서도 절망하지 않고 꿋꿋이 눈을 감는 그날까지 살아갈 수 있다.

에피메테우스가 제우스에게 판도라라는 신부를 하사받은 사건은, 어떤 의미에서 인간의 운명에 중대한 변화를 가져왔다. 판도라에서 여자라는 종족이 발생했고, 이후 인간 남자는 여자와 결혼해 아내로 맞은 그 여자를 부양하지 않으면 자손을 얻지 못하게 되었다.

제우스는 프로메테우스의 계략을 교묘하게 비틀어 인간의 운명을 입맛대로 요리했다. 게다가 그때까지 불분명했던 신과 인간의 경계도 확실하게 다잡았다.

인간에게 응분의 대가를 치르게 한 제우스는 프로메테우스에게도 참혹한 형벌을 내렸다. 프로메테우스를 높다란 기둥 한가운데 사슬로 꽁꽁 묶어두고, 낮 동안 거대한 독수리가 간을 쪼아 먹게 했다. 프로메테우스는 불사신이었기에 간도 불사였다. 그 때문에 밤이 되어 독수리가 둥지로 돌아가면 아침에는 멀쩡하게 회복되었다. 프로메테우스는 산 채로 독수리에게 간을 쪼아 먹히는 끔찍한 고통을 날마다 맛보아야 했던 것이다.

다행히 이 형벌은 영원히 계속되지 않았다. 헤라클레스가 과업을 수행하기 위해 세상을 떠돌다 프로메테우스가 벌 받던 형장을 우연히 지나갔던 덕분이다. 헤라클레스는 독수리를 활로 쏘아 죽이고 프로메테우스의 고통을 끝내주었다.

페테르 파울 루벤스 〈사슬에 묶인 프로메테우스〉 필라델피아 미술관 소장(미국)

제우스는 자신의 장한 아들이 또 하나의 공을 올렸다는 데 만족해 프로메테우스를 용서하고 화해한 다음, 신의 지위를 회복시켜 올림포스 복귀를 허락했다.

항아리 뚜껑을 연 판도라

대홍수에서 살아남은 데우칼리온과 피라

에피메테우스와 판도라 사이에서 **피라**(Pyrrha)라는 딸이 태어났고, 그녀는 프로메테우스의 아들 **데우칼리온**(Deucalion)과 결혼했다.

데우칼리온과 피라 부부는 품행이 반듯하고 경건했다. 이 부부를 어여삐 여긴 제우스는 두 사람으로부터 새로운 인간 종족을 창조하기로 했다. 제우스는 당시 지상에 살던 청동의 종족이 벌이는 살육이 몹시 못마땅했기 때문이다. 피비린내 나는 전쟁에 넌덜머리가 났던 제우스는 청동의 종족을 지상에서 멸종시키고, 대신 자신의 뜻을 지상에서 올바르게 실천할 새로운 종족을 창조할 계획을 세웠다.

제우스는 마치 양동이로 들이붓는 듯한 무지막지한 폭우를 지상에 퍼부었고, 포세이돈에게도 강력한 지진과 해일을 일으키게

해 육지를 물바다로 만들었다. 데우칼리온과 피라는 이 대홍수를 미리 알고 있었기에 신의 계시대로 튼튼한 방주를 만들어 그 안에 온갖 물자를 싣고 대비했다. 홍수가 시작되자 방주로 피신한 데우칼리온과 피라 이외의 인간은 모조리 물에 빠져 허우적대다 죽어 갔다. 그제야 제우스는 비를 멈추었고, 포세이돈도 육지에서 바닷물을 거두어 갔다.

데우칼리온과 피라는 방주에 탄 채로 아흐레 낮 아흐레 밤을 이리저리 떠돌아다니던 끝에 마침내 파르나소스 산허리에 당도했다. 파르나소스 산 중턱은 나중에 델포이 신탁이 내려지는 신전이 세워지는 장소다.

부부는 방주에서 내려 제우스에게 제물을 바쳤다. 그러자 제우스는 헤르메스를 통해 전언을 내렸다.

"너희들이 바라는 한 가지 소원을 들어주겠다."

"인간이라고는 저와 제 아내밖에 없어 쓸쓸하옵니다. 저희를 굽어 살피시어 저희 부부가 적적하게 지내지 않도록 부디 함께 살 사람들을 내려주십시오."

데우칼리온이 기도하자 제우스는 신탁을 내렸다.

제우스와 포세이돈과 방주

"어머니의 뼈를 수습해 걸으며 등 뒤로 던지면 인간을 얻으리라."

계시를 들은 피라는 갈등에 빠졌다.

"어머니 무덤에서 뼈를 끄집어내 던지는 불효를 저지르라니, 설령 제우스 님의 명령이라고 해도 따를 수 없어요."

효심 깊은 피라는 눈시울을 붉혔다. 반면, 프로메테우스의 영특한 머리를 물려받은 데우칼리온은 곰곰이 생각한 끝에 입을 열었다.

"제우스 님께서 말씀하신 어머니의 뼈는 만물의 어머니인 대지, 즉 어머니의 뼈는 대지의 뼈인 돌멩이가 틀림없소. 제우스 님은 우리에게 돌을 모아서 던지라고 명령하신 게 아닐까?"

부부가 돌을 그러모아 걸으며 어깨 너머로 던지자 땅바닥에 떨어지기 무섭게 인간의 형상으로 변했다. 데우칼리온이 던진 돌멩이는 남자로, 피라가 던진 돌멩이는 여자로 변했다.

돌멩이를 던져 남녀를 창조하는 데우칼리온과 피라

네 번째 종족으로
발생한 영웅들

제우스는 홍수로 청동의 종족을 멸한 후, 살아남은 데우칼리온과 피라 부부에게서 새로운 인간 종족을 창조했다. 바로 네 번째 종족인 **영웅의 종족**이다.

데우칼리온과 피라 사이에는 헬렌이라는 아들이 태어났고, 그는 그리스인의 선조가 되었다. 고대 그리스인은 헬렌의 이름을 따서 자신들을 헬레네스(헬레네들)라 부르게 되었다.

영웅의 종족은 **철의 종족**이라 부르는 현재의 인간들과 직접적 혈통 관계에 있다. 우리 인간은 영웅 종족의 피를 물려받았고, 영웅 종족은 우리의 직계 선조다. 다시 말해 우리 다섯 번째 종족은 이전에 살았던 황금과 은, 은과 청동, 청동과 영웅 종족의 관계처럼, 앞의 종족을 완전히 멸종시킨 후에 다음 종족을 만드는 방식으로 창조되지 않았다.

영웅의 종족이 창조되기 전에 신들과 인간의 운명의 차이는 확연해졌다. 즉, 영웅 종족의 시대에는 신과 인간 사이에 오늘날처럼 확실한 구분이 생겨나 있었다.

그럼에도 영웅 종족은 오늘날 우리 인간과는 비교도 되지 않을 만큼 뛰어난 자질을 타고났다. 신과 인간의 경계를 넘나드는 행위는 절대 용납되지 않았지만, 그래도 지금의 인간보다는 친밀한 관계를 유지했다. 그래서 영웅 종족 시대에는 남자 신이 인간 여자를 사랑해 자식을 낳게 하거나, 여신이 인간 남자와 관계를 맺어 아이를 갖는 사건이 일어나도 그다지 대수로운 일이 아니었기에 반인반신은 일상다반사로 여겨졌다.

오히려 한쪽 부모가 신인 영웅들이야말로 영웅 종족을 빛내는 스타였다. 그들은 인간으로서는 불가능한 무용과 능력을 지니고 온갖 불가사의한 모험을 성공적으로 마치며 갖가지 눈부신 위업을 달성했다.

그러나 아무리 부모 중 한쪽이 신이라고 해도 이들 영웅은 절대 신이 될 수 없는 법. 그들은 인간으로 태어나 인간의 몸으로 죽음을 맞이해야 했다. 그 본분을 잊고 신과 인간의 경계를 무시하는 행위는 아무리 영웅이라 해도 용서받을 수 없는 불경스러운 죄였다.

앞으로 살펴볼 이야기 중에는 그리스 신화에서 유명한 영웅들이 나온다. 그들은 모두 오늘날 철의 종족으로 대체되며 지상에서 모습을 감추었다는 영웅 종족에 속한 이들이다.

안드레아 델 밍가 〈데우칼리온과 피라〉 베키오궁 소장(이탈리아)

제6장

페르세우스와
카드모스

어머니와 함께 바다에 버려진
갓난아기

페르세우스의 어머니는 **다나에**(Danae)라는 아르고스의 공주였다.
다나에는 아버지 아크리시오스 왕이 '다나에가 낳은 자식에게 죽
임을 당한다'는 신탁을 받은 이후, 한창 피어날 꽃다운 나이에 남
자 구경은커녕 남자와 옷깃도 스치지 못하도록 지하에 있는 청동
골방에 갇혀 독수공방하는 신세로 지냈다.

그런데 그녀의 아름다움에 반한 제우스가 황금비로 변신해 지
붕 틈으로 다나에의 무릎 위에 떨어졌고 배 속에 페르세우스가 들
어섰다. 울음소리를 듣고서야 아기가 태어났음을 알게 된 아크리
시오스는 다나에와 페르세우스를 나무 궤짝에 넣어 바다에 떠내려
보냈다.

그 궤짝은 둥실둥실 파도를 타고 세리포스 섬에 이르렀고, 딕티

하르먼스 판 레인 렘브란트 〈다나에〉 에르미타주 미술관 소장(러시아)

스(Dictys)라는 마음씨 좋은 어부의 그물에 걸렸다. 딕티스는 세리포스 왕 폴리덱테스의 남동생으로, 궤짝에서 나온 다나에와 페르세우스를 거두어들였다. 그렇게 페르세우스는 딕티스 슬하에서 늠름한 청년으로 자라났다.

폴리덱테스 왕은 다정다감한 딕티스와 딴판으로 망나니에 폭군이었다. 그는 동생 집에서 한솥밥을 먹던 다나에를 보자마자 한눈에 반해 끈질기게 결혼하자고 졸라댔다. 그러다 보니 언제나 엄마 곁을 맴돌며 지키는 눈엣가시 같은 페르세우스의 존재가 탐탁지 않아 어떻게든 처리해야겠다고 마음먹고는 기회를 노리고 있었다.

그러던 어느 날, 왕은 섬 유지들과 페르세우스를 초대해 연회를 열기로 했으니 참석한 손님들 모두 말 한 필씩을 가져와 선물로 바치라고 명령했다. 더부살이를 하는 빈털터리 처지의 페르세우스에게 왕에게 바칠 말이 있을 리 만무했다.

"제게는 전하께 바칠 말이 없사옵니다. 다만 전하께서 명하신다면 고르곤의 목이라도 잘라다 바치겠습니다."

페르세우스는 객기에 무심코 엄청난 약속을 해버렸다. 폴리덱테스 왕은 속으로 쾌재를 부르며 겉으로는 근엄하게 명령했다.

"갸륵하도다. 네 뜻이 그러하다면 어디 가서 고르곤의 목을 가져와 보거라."

고르곤은 세계의 서쪽 끝에 산다는 무서운 괴물이다. 고르곤은 세 자매로(스텐노, 에우리알레, 메두사) 머리카락 대신 뱀이 돋아나 있고, 몸은 용의 비늘로 뒤덮였으며, 입에는 멧돼지의 어금니가 자라나 있고, 스치기만 해도 살점이 찢겨나가는 청동 손에, 황금 날개로 하늘을 날아다녔다. 게다가 보는 이를 돌로 바꾸는 무시무시한 힘까지 가지고 있었다.

세 자매 중 둘은 불사로 메두사라는 막냇동생만 죽일 수 있었다. 문제는 고르곤 자매가 사는 곳을 아무도 모른다는 것이었다.

페르세우스는 입장이 난처해졌다. 자기 입으로 고르곤 자매의 목을 가져오겠다고 큰소리를 쳤지만, 어디 사는지조차 알 수 없었기 때문이다. 페르세우스는 가볍게 입을 놀리고 엄청난 약속까지 해버린 자신의 경솔한 행동을 후회했지만 왕과의 약속을 돌이킬 길이 없었다.

고르곤 퇴치

　페르세우스가 머리를 싸매고 후회하고 있자니 눈앞에 두 명의 신이 나타났다. 하나는 뛰어난 영웅이 공을 세우도록 돕는 일을 자신의 임무로 여기는 아테나 여신이었고, 또 다른 하나는 헤르메스였다.

　헤르메스는 메두사의 머리를 가져오는 데 도움이 되는 하늘을 나는 샌들과 무엇이든 자를 수 있는 예리한 날이 달린 낫을 빌려주었고, 머리에 쓰면 모습을 투명하게 감추는 투구를 저승의 왕 하데스에게 빌려와 건네주었다.

　아테나 여신은 페르세우스를 **그라이아이**(Graeae) 세 자매에게 데려가 주었다. 고르곤 자매가 있는 곳을 아는 이들은 그라이아이 자매뿐이었기 때문이다. 그라이아이 자매는 태어날 때부터 추한 노파의 모습을 한 불길한 요정으로, 눈과 이가 하나밖에 없어 셋이서 번갈아가며 사용했다.

페르세우스는 투명 투구를 쓰고 그라이아이 자매에게 살금살금 다가가 하나가 다른 하나에게 눈을 건네려고 할 때 가로채서는 눈을 돌려주는 대신 고르곤 자매가 사는 곳으로 가는 길을 알려달라고 을러댔다. 페르세우스는 그라이아이 자매와 거래를 하며 자매를 닦달해 덤까지 얻어냈다. 메두사의 머리를 담아올 키비시스라는 자루를 가지고 있는 님프가 있는 곳까지 알아낸 것이다.

페르세우스가 고르곤 자매의 보금자리에 당도했을 때, 자매는 마침 잠들어 있었다. 페르세우스는 투명 투구를 쓰고 헤르메스에게 빌린 샌들로 하늘을 날며 서서히 메두사에게 다가갔다.

고르곤 자매를 맨눈으로 직접 보면 돌로 변하게 된다. 그래서 아테나 여신은 페르세우스를 위해 지혜를 빌려주었고, 거울처럼 반들반들하게 광을 내어놓은 방패를 내주었다. 페르세우스는 방패에 비친 모습을 보며 헤르메스가 빌려준 낫으로 메두사의 목을 잘라 자루에 수습했다.

메두사의 잘린 목에서 하늘을 나는 페가수스라는 날개 달린 말과, 크리사오르라는 사내아이가 황금 검을 손에 들고 튀어나왔다. 남다른 취향의 소유자였던 포세이돈이 무시무시한 모습을 한 메두사와 관계를 맺었을 때 생긴 자식들이었다.

이윽고 메두사의 다른 두 자매가 잠에서 깨어나 처참하게 머리가 잘린 동생을 발견했다. 둘은 악에 받쳐 울부짖으며 하늘을 빙빙

장 마르크 나티에 〈메두사의 목을 들어 보이며 피네우스를 돌로 바꾼 페르세우스〉
투르 미술관 소장(프랑스)

돌면서 범인을 찾아 헤맸다. 하지만 투명 투구를 쓴 페르세우스는 고르곤 자매에게 들키지 않고 무사히 빠져나올 수 있었다.

메두사의 목을 자르는 페르세우스

안드로메다를
아내로 얻은 페르세우스

키비시스라는 신기한 자루에 넣은 메두사의 머리를 들고 세리 포스 섬을 향해 하늘을 날던 중, 페르세우스는 아리따운 아가씨가 해안가 갯바위에 묶여 있는 광경을 목격했다. 대략 에티오피아 상공으로, **안드로메다**(Andromeda)라는 공주가 바다에서 찾아온 괴수의 제물로 바쳐지려던 참이었다.

안드로메다의 어머니 **카시오페이아**(Cassiopeia)는 자신의 미모에 자부심이 대단한 여자로 틈만 나면 미모를 뽐내곤 했다.

"바다의 여신 네레이데스들의 미모도 나를 따라오려면 한참 멀었어."

카시오페이아는 공공연하게 자신의 미모를 자랑했다. 그녀의 오만함이 거슬렸던 포세이돈은 홍수를 일으켰다.

"이 재앙을 끝내려면 안드로메다를 괴수에게 바쳐야 하느니라."

포세이돈은 홍수를 일으키고 신탁을 내렸다.

자초지종을 전해 들은 페르세우스는 안드로메다의 아버지이자 에티오피아 왕이었던 케페우스에게 제안했다.

"제가 괴수를 처치할 테니, 대신 따님을 제게 주십시오."

왕은 두말없이 승낙했다. 페르세우스는 바다에서 뭍으로 올라온 괴수를 단칼에 처리하고 안드로메다를 구출해 왕궁으로 데리고 돌아왔다.

그러자 안드로메다와 약혼했던 왕의 동생 피네우스가 둘의 결혼에 이의를 제기하더니, 무작정 페르세우스에게 시비를 걸며 덤벼들었다.

"나를 믿고 따르는 자들은 모두 눈을 감아라!"

페르세우스가 소리 높이 외치며 메두사의 머리를 자루에서 꺼내 들었다. 그러자 페르세우스를 덮치려고 다가오던 적들은 모두 그 자리에서 돌로 변했다.

페르세우스는 아내가 된 안드로메다를 데리고 세리포스 섬으로 돌아갔다. 마침 폴리덱테스 왕의 끈덕진 구혼에 지친 다나에는 자신을 보살펴주던 딕티스와 함께 제우스의 제단에 의지해 몸을 피하고 있던 찰나였다. 제단으로 피신한 두 사람 주위를 폴리덱테스와 부하들이 포위하고 있었다. 은인과 어머니가 처한 곤경을 보고 화가 난 페르세우스는 메두사의 머리를 다시 자루에서 꺼냈고, 폴리덱테스와 부하들은 돌로 변했다.

장 마르크 나티에 〈페르세우스〉 우피치 미술관 소장(이탈리아)

어질고 선한 딕티스를 섬의 왕으로 옹립한 페르세우스는 모험에서 유용하게 활용했던 샌들과 낫, 키비시스 자루와 투명 투구를 헤르메스에게 돌려주었다. 헤르메스는 키비시스 자루와 투구는 원래 주인에게 돌려주었고, 메두사의 머리는 아테나 여신에게 바쳤다. 아테나 여신은 이후 방패 한가운데에 메두사의 머리를 달고 다녔다.

페르세우스는 어머니와 아내를 데리고 고향 아르고스로 돌아갔지만 할아버지인 아크리시오스 왕은 이미 보복이 두려워 걸음아 날 살려라 도망친 뒤였다.

어느 날, 페르세우스는 테살리아의 라리사 지방으로 가서 경기 모임에 참가했다. 페르세우스가 젖 먹던 힘을 다해 원반을 던지자 날아가는 방향이 바뀌더니 그 고장으로 망명한 아크리시오스에게

메두사의 머리를 들고 안드로메다를 구출하려는 페르세우스

명중했고, 그는 그 자리에서 숨이 끊어졌다. '다나에의 자식에게 살해당한다'는 신탁의 예언이 실현된 순간이었다.

이후 페르세우스는 실수로 죽인 할아버지의 왕위를 물려받지 않고 티린스의 왕이 되어 헤라클레스 등 수많은 영웅들의 선조가 되었다고 한다.

소의 뒤를 따라갔던
카드모스

카드모스는 테베를 세우고 이 도시의 첫 번째 왕이 되었다. 그는 페니키아 왕 아게노르의 아들이었다. 아게노르는 카드모스 외에도 두 아들과 **에우로페**(Europe)라는 아름다운 막내딸을 두었다.

그런데 제우스가 에우로페의 미모에 반해 자신의 여자로 만들려고 수작을 부렸던 것이 화근이 되었다. 제우스는 에우로페가 바닷가를 거닐 때 새하얀 수소로 변신해 다가갔다. 에우로페가 소에게 마음을 허락하고 소등에 올라타자 소는 바다를 헤엄쳐 건넜고 그녀를 크레타 섬까지 납치해 갔다. 제우스는 크레타 섬에서 신화 속에서 크레타 섬의 왕으로 활약하는 미노스를 비롯한 세 아들을 잉태시켰다.

에우로페가 어느 날 갑자기 행방불명되자 막내딸을 금이야 옥

야콥 요르단스 〈카드모스와 아테나〉 프라도 미술관 소장(스페인)

이야 예뻐하며 끔찍이 아끼던 아게노르는 노발대발하며 세 아들들을 들들 볶아댔다.

"못난 놈들! 여동생을 찾기 전에는 돌아올 생각도 하지 말거라!"

아게노르 왕은 엄명을 내렸고 세 아들들을 에우로페 수색에 파견했다. 이런 연유로 고향을 떠난 카드모스는 트라키아를 지나 그리스로 향했다. 카드모스는 여동생을 찾으려고 그리스 방방곡곡을 샅샅이 뒤졌지만 결국 찾지 못했고, 지푸라기라도 잡는 심정으로 델포이의 아폴론 신전에서 여동생의 행방을 물었다.

"아폴론 신이시여, 어찌하면 에우로페를 찾을 수 있겠나이까?"

카드모스는 신탁을 기다렸다.

"더 이상 에우로페 때문에 속상해하지 말고 신전을 나가서 처음 만나는 수소의 뒤를 따라가다. 그 소가 지쳐 걸음을 멈추는 곳에 도시를 세우고 살도록 하여라."

카드모스에게 신탁이 내려졌다. 카드모스는 신탁의 계시에 따라 처음 만난 수소의 뒤를 따라갔다. 그 소는 보이오티아 지방으로 들어섰고, 나중에 테베가 될 장소에 이르러서야 걸음을 멈추고는 배를 깔고 드러누웠다.

카드모스는 그곳에 마을을 세우고, 우선 자신을 그곳까지 인도해준 수소를 아테나 여신에게 제물로 바치기로 했다. 카드모스가 소를 잡는 동안 페니키아에서부터 카드모스를 따라온 부하들은 의식에 필요한 물을 길러 갔다.

다행히 인근 숲에 샘이 있었지만 하필 그 샘은 전쟁의 신 **아레스**의 소유였고, 아레스의 자식이었던 용이 지키고 있었다. 카드모스의 부하들은 그 용에게 목숨을 잃고 말았다.

부하들이 돌아오지 않자 수상하게 여긴 카드모스는 혼자 샘으로 가서 용을 무찌르고 부하들의 원수를 갚았다. 그리고 아테나 여신의 조언에 따라 죽은 용의 입에서 이빨을 뽑아내어 작물의 씨앗을 뿌리듯 경작한 대지에 골고루 뿌렸다. 그러자 이빨을 뿌린 고랑에서 무장한 병사들이 꼬리에 꼬리를 물고 태어났다.

카드모스는 여신이 가르쳐준 대로 그늘에 숨어 전사들 한가운데 돌을 던졌다. 누가 돌을 던졌는지 병사들끼리 시비가 붙어 싸움으로 번지더니 결국 다섯 명만 살아남았다.

카드모스는 그 다섯 명의 병사를 스파르토이(씨를 뿌려 나온 자들)라 부르며 자신의 부하로 삼았고, 그들은 테베 최초의 시민이 되었다.

아레스를 위해 일하고
하르모니아와 결혼하다

도시를 세웠다고는 하지만 카드모스는 전쟁의 신 아레스의 아들인 용을 죽이고, 그 용에게서 뽑은 이빨로 병사들을 만들어 서로 죽고 죽이게 했다.

카드모스는 자신의 죄를 속죄하기 위해 팔 년 동안 아레스의 수하로 들어가 봉사해야 했다. 카드모스는 정해진 기간을 채우고 '카드메이아'라 불렸던 테베의 왕이 되었다. 제우스는 카드모스와 아레스의 화해를 주선했고, 아레스와 미와 사랑의 여신 아프로디테의 딸 **하르모니아**(Harmonia)를 카드모스의 아내로 내주었다.

둘의 결혼식을 위해 올림포스 신들이 축하 선물을 들고 내려와 여신과 인간 영웅의 결혼이라는 보기 드문 경사를 축하했다. 선물 중에는 보는 이들의 눈길을 단숨에 사로잡는 요염한 드레스와 정교한 기술로 만든 황금 목걸이가 있었다. 목걸이는 기술의 신 헤파이스토스의 솜씨였고, 드레스는 베 짜기의 여신 아테나가 손수 베를 짜고 헤파이스토스가 아름답게 장식해 만든 공동 작품이었다.

하르모니아는 아레스가 헤파이스토스의 아내 아프로디테와 불륜을 저질러 태어난 딸이었다. 당연히 헤파이스토스의 눈에 아내의 부정을 상기시키는 하르모니아가 고와 보일 리 없었다. 그는 목걸이와 드레스 장식을 만들 때 아레스와 아프로디테에 대한 원한을 아낌없이 쏟아부었다. 이런 연유로 카드모스와 하르모니아의 결혼으로 시작된 테베 왕가에는 이후 갖가지 불행이 끊이지 않았다.

카드모스와 하르모니아 사이에는 **아우토노에**와 **아가우에**, **세멜레**라는 딸과 **폴리도로스**라는 아들이 태어났다.

세멜레와 이노, 아가우에게 일어난 비극적인 사건은 앞서 디오

니소스를 다룬 이야기에서 소개한 대로다. 아우토노에는 아리스타이오스라는 영웅과 결혼하지만 둘 사이에서 태어난 악타이온은 아르테미스 여신의 분노를 사 사슴으로 변해 자신의 사냥 개들에게 뜯어 먹혀 죽는 불행한 운명에 처해졌다.

디오니소스가 실성시켜 아들이었던 펜테우스를 죽인 아가우에는 이후 그리스를 떠나 일리리아 지방에 터를 잡고 살았다. 카드모스와 하르모니아도 딸을 따라 그곳으로 이주했다. 이후 테베의 왕위는 카드모스의 막내아들인 폴리도로스가 물려받게 되었다.

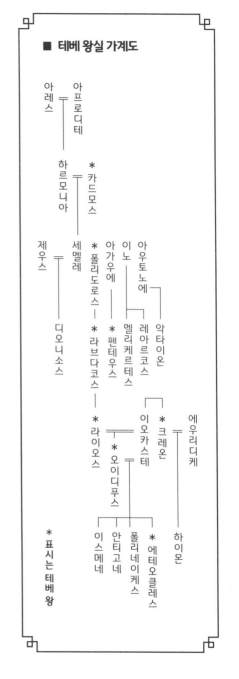

■ 테베 왕실 가계도

제7장

스핑크스의
수수께끼와
오이디푸스

부모에게 버림받은
절름발이 영웅

앞으로 소개할 이야기의 주인공은 **오이디푸스**(Oedipus)라는 인물이다. 그는 그리스 신화 속에서도 오늘날까지 이름이 널리 알려진 영웅으로, 그의 할아버지인 라브다코스(Labdacus)는 펜테우스 왕이 비명횡사한 후에 테베 3대 왕으로 오른 카드모스의 막내아들 폴리도로스가 남긴 유일한 피붙이였다.

오이디푸스의 아버지 라이오스(Laius)는 라브다코스의 외아들로, 오이디푸스도 라이오스의 외동아들이었다. 즉, 오이디푸스는 카드모스의 피를 이어받은 유일한 자손이었던 셈이다. 그럼에도 그는 앞으로 소개할 모종의 이유로 스스로를 코린토스(Corinth) 왕의 의붓아들이라고 믿으며 테베가 아닌 코린토스에서 성장했다.

라이오스는 왕위를 물려받을 만큼 성장한 후에도 테베의 왕위에 오르지 못했다. 라이오스의 아버지 라브다코스는 그가 아직 핏덩이였을 때 세상을 떠났고, 이후 제우스가 테베에 있던 안티오페라는 미녀를 취해 생긴 암피온과 제토스라는 쌍둥이 영웅이 섭정에 올라 테베를 다스렸기 때문이다. 암피온의 왕비가 "내가 아폴론과 아르테미스를 낳은 레토 여신보다 자식복이 많다"고 거드름을 피우다 벌을 받아 자식들을 아폴론과 아르테미스의 화살에 잃은 니오베이다.

천덕꾸러기 신세가 된 라이오스는 펠로폰네소스 반도로 망명해 피사에 있던 펠롭스 왕의 궁전에 몸을 의탁하고 펠롭스의 막내아들인 크리시포의 교육을 맡았다. 그런데 그는 이 미소년에게 이성에게나 품어야 할 그릇된 욕정을 품었고, 결국 소년을 유괴해 욕보였다. 수치심을 견디지 못한 크리시포스는 자살로 생을 마감했다.

"네놈이 사내아이를 낳으면 반드시 그 아이 손에 목숨을 잃으리라."

아들을 잃은 펠롭스 왕은 라이오스를 저주했다.

한편, 암피온과 제토스가 후사 없이 세상을 떠나자 라이오스는 테베로 불려가 왕위에 올랐다. 라이오스는 **이오카스테**(Iocaste)라는 왕비를 맞아들였지만 아들에게 죽임을 당할 운명이라는 저주가 두려워 일체의 부부관계를 거부했다. 그러던 어느 날 밤, 술에 취해 자제심을 잃은 라이오스는 아내와 딱 한 번 관계를 가졌다. 운명의 장난인지 이오카스테는 단 한 번의 잠자리로 임신해 사내아이를 낳았다.

라이오스는 갓난 아들을 없애기로 마음먹고는 아기의 양발 뒤꿈치를 핀으로 꿰뚫어 걷지 못하게 한 다음 수하에 있던 양치기에게 명령했다.

"네가 여름에 가축 무리를 방목하는 키타이론 산속 깊은 곳에 이 아이를 내다 버리고 오너라."

하지만 양치기는 왕의 명령에 따르지 않고 코린토스 산속에 있던 폴리보스 왕의 목동에게 아기를 건넸다. 목동은 폴리보스 왕에게 자식이 없다는 걸 알고 아기 발에 찔러 넣은 핀을 뽑아 왕궁으로 데려갔다.

아기는 핀을 뽑아낸 후에도 다리의 부기가 가라앉지 않았기에 **'부은 발'**이라는 의미의 '오이디푸스'라는 이름을 얻었고, 폴리보스 왕의 양자로 길러졌다.

친아버지와의
얄궂은 만남

오이디푸스는 '아들에게 살해당한다'는 신탁이 이루어질까 두려워했던 아버지 라이오스 탓에 태어나자마자 양쪽 발뒤꿈치에 핀이 꽂혀 버려졌다. 그러나 아버지의 명령을 어긴 부하 덕분에 살아남아 코린토스에서 폴리보스 왕의 후계자로 극진한 보살핌을 받으며 자라났다.

오이디푸스라는 이름을 가진 그 청년은 지혜와 완력뿐 아니라 모든 기량에서 걸출한 능력을 갖춘 훌륭한 젊은이로 성장했다. 오이디푸스는 친부모에게 버려져 업둥이로 코린토스 왕궁에 들어왔다는 사실을 까맣게 모르고 자라났다. 그러다 어느 연회 자리에서 한 주정뱅이의 말실수 탓에 출생의 비밀을 알게 되었다.

"어이, 잘난 왕자님! 당신은 폴리보스 왕의 친아들이 아니라오."

술에 취에 오락가락하는 한 남자가 무심코 출생의 비밀을 흘리고 말았다. 하늘이 무너지는 듯한 충격을 받은 오이디푸스는 친부모라고 믿고 있던 왕과 왕비에게 진실을 알려달라고 간청했다. 두 사람은 고주망태로 취한 술주정뱅이가 망언을 했다며 분통을 터트렸다.

"너는 틀림없이 우리 부부의 친아들이란다."

왕과 왕비가 장담했다. 하지만 부모의 말만으로 확신할 수 없었던 오이디푸스는 델포이로 가서 아폴론 신탁에 물었다.

"제 친부모는 누구입니까?"

그러자 신탁은 그 물음에 답하지 않고 엉뚱한 계시를 내렸다.

"너는 자신의 어머니와 결혼해 태어나서는 안 되는 아이들을 탄생시키고, 아비를 죽일 운명을 타고났다."

까무러치게 놀란 오이디푸스는 친부모라고 믿던 폴리보스 왕과 메로페 왕비가 살아 있는 동안에는 두 번 다시 코린토스 근처에도 가지 않겠노라고 굳게 다짐했다.

델포이 신전을 나온 오이디푸스는 그 길로 코린토스와는 반대 방향으로 여행을 시작했다. 그러다 산속에서 세 갈림길에 이르렀다. 오이디푸스는 갈림길 한복판에서 부하들을 거느리고 반대 방향의 마차에 타고 있는, 한눈에도 부유해 보이는 인물과 마주쳤다. 그 인물은 바로 테베로 향하던 친아버지 라이오스였다.

당시 테베에는 나라 전체를 공포의 도가니에 빠뜨린 우환이 발생했다. **스핑크스**(Sphinx)라는 인간 여자의 얼굴을 하고 사자의 몸과 맹금의 날개를 지닌, 오금이 저리도록 무서운 괴물이 나타나 백성들을 잡아먹는 통에 나라 전체가 뒤숭숭했다. 스핑크스는 지나가던 사람에게 수수께끼를 내고 풀지 못하면 습격해 잡아먹었다.

스핑크스는 라이오스가 젊은 시절 크리시포스에게 범한 죄를 벌하기 위해 제우스의 아내 헤라가 보낸 괴물이었다. 그 사실을 알지 못하는 라이오스는 어떻게 하면 이 재앙을 멈출 수 있을지를 신탁에 묻기 위해 델포이로 향하던 참이었다.

피할 수 없는 신탁과
어머니와 아들의 혼인

오이디푸스는 어느 한쪽이 갓길로 비켜서 상대방에게 길을 양보해야 지나갈 수 있는 좁디좁은 세 갈림길에서 라이오스 일행과 맞닥뜨렸다. 라이오스의 마차에는 전령 임무를 맡은 부하가 타고 있었는데, 오이디푸스를 향해 고압적인 목소리로 외쳤다.

"길을 비켜라!"

모욕을 당했다고 느껴 조용히 화를 참고 있던 오이디푸스가 시키는 대로 길을 비켜주지 않자, 라이오스가 마차 밖으로 직접 몸을 내밀고는 앞이 두 갈래로 갈라진 단장을 휘둘러 오이디푸스를 후려치려 했다. 급기야 화를 참지 못한 오이디푸스가 라이오스 일행을 덮쳤고 라이오스와 그 일행을 순식간에 몰살했다.

고대 그리스 3대 비극 시인 중 한 사람인 소포클레스의 명작

《**오이디푸스 왕**(Oedipus Rex)》에는 이 불운한 만남에서 한 사람이 살아남아 테베로 가까스로 도망쳐 비보를 전했다는 구절이 나온다.

"라이오스 전하 일행이 변을 당하셨습니다. 산속에서 도적떼의 습격을 받아 저만 살아남고 다른 분들은 모조리 저세상 사람이 되었습니다!"

살아남은 남자는 거짓을 고했다.

어쨌든 오이디푸스가 라이오스를 죽임으로써 그가 델포이에서 받은 '아비를 죽일 운명을 타고났다'는 신탁이 현실에서 이루어졌다. 그러나 라이오스와 다투었을 때 오이디푸스는 상대방이 누구인지 그의 정체에 대해서는 전혀 알지 못했다. 즉, 이 시점에서는 자신이 신탁의 예언대로 아버지를 죽였다는 생각은 꿈에도 하지 못했다.

오이디푸스는 여행을 계속했고, 테베에 도착했다. 테베에서는 라이오스가 후계자 없이 급사해 왕비였던 이오카스테의 오빠 크레온이 나라를 다스리는 섭정의 지위에 올라 있었다. 라이오스는 죽었지만 테베에서는 여전히 스핑크스가 일으킨 재앙이 계속되고 있었다.

"스핑크스가 내는 수수께끼를 풀고 이 재앙을 멈출 수 있는 자를 이오카스테 왕비와 결혼시켜 테베의 왕으로 삼겠다."

크레온은 테베 전국에 방을 냈다. 마침 테베로 들어온 오이디푸스는 그 방을 보고 그길로 스핑크스를 찾아가 허무할 정도로 쉽게 수수께끼를 풀어버렸다. 인간은 절대 자신이 내는 수수께끼를 풀 수 없으리라고 얕잡아 보았던 스핑크스는 충격을 받고 그대로 절벽에서 몸을 던져 목숨을 끊었다.

　오이디푸스는 크레온의 약속대로 이오카스테 왕비와 결혼해 테베 왕위에 올랐다. 그리고 이오카스테가 자신의 친어머니일 거라고는 꿈에도 생각지 못한 채 남편으로서 그녀와 한 이불을 덮고 살며 네 자녀를 얻었다. 결국 '어미와 결혼해 태어나서는 안 될 자식들을 탄생시킨다'는 신탁 역시 시나브로 이루어지고 있었던 셈이다.

스핑크스가 낸
수수께끼

그리스 신화를 해설하는 대부분의 책에는 스핑크스가 출제한 수수께끼를 다음과 같이 소개한다.

"아침에는 다리가 네 개, 점심에는 두 개, 저녁에는 세 개로 걷는 것은 무엇인가?"

오이디푸스가 수수께끼의 답으로 내놓았다는 구절도 아울러 싣고 있다.

"아기일 때는 네 발로 엉금엉금 기어 다니고, 자라나면 두 발로 걷고, 나이가 들어 허리가 꼬부라진 노인이 되면 지팡이를 짚고 세 발로 걷는다. 그러니 답은 '인간'이다."

그러나 고대 자료를 살펴보면 그간 널리 알려진 스핑크스의 수수께끼로 풀이할 만한 구절을 찾을 수 없다.

"두 발인 동시에 세 발이기도 하며 네 발이기도 한 것은 무엇인가?"

이것은 어떤 문헌에 나오는 구절이다.

"두 발이면서 네 발이기도 하며 세 발이기도 한, 지상과 공중과 바다 속 생물 중에 오로지 한 가지 성질(피시스, φύσις)로 변하는 것은 무엇인가?"

위의 것은 잘 알려지지 않은 가장 오래된 문헌에 나오는 수수께끼다. 그렇다면 "답은 인간이다"라는 오이디푸스의 풀이가 과연 정답이었는지 의문이 든다. 그러나 오이디푸스가 수수께끼를 풀었을 때 스핑크스 앞에는 수수께끼가 가리키는 생물이 떡하니 서 있었다. 바로 오이디푸스 자신이다.

오이디푸스는 태어나자마자 발뒤꿈치에 핀을 찔러 넣어 산속에 버려졌다. 즉, 두 발로 걷는 인간으로서의 가능성을 부정당하고 네 발 달린 짐승의 세계로 내동댕이쳐졌다. 이후 발에 꽂아 넣었던 핀을 뽑고 당당하게 두 발로 걷는 인간으로 성장했지만, 여전히 그의 발은 퉁퉁 부어오른 채였다. '부은 발'이라는 뜻을 가진 이름을 붙였다는 사실로도 분명히 알 수 있다. 즉, 두 발이면서 두 발로 설 가능성을 부정하는 '징표'가 내려졌다.

오이디푸스는 테베로 돌아오던 길에 친아버지인 라이오스를 살해하는 패륜을 저질렀다. 또 스핑크스가 낸 수수께끼를 풀어 친어머니인 이오카스테와 결혼했고, 어머니의 배를 빌어 자식을 얻는다는, 신탁에서 점지했던 저주스러운 운명이 현실에서 그대로 이루어졌다.

고대 그리스에서도 부모를 죽이거나 어머니와 관계를 맺어 자식을 얻는 행위는 인간으로서의 도리를 저버리는 배덕한 행위, 즉 패륜으로 여겨졌다. 하지만 네 발 달린 짐승의 세계에서 근친상간은 대수롭지 않은 일상의 한 부분이다. 요컨대 아비를 죽이고 어미를 범한 오이디푸스는 네 발 달린 짐승이나 다름없었던 셈이다. 게다가 사실을 알게 된 오이디푸스가 스스로 양쪽 눈을 망가뜨리고는 지팡이를 짚고 세 발이 되는 운명 역시 그 시점에서 이미 결정되어 있었다.

수수께끼의 해답 그 자체였던
오이디푸스

스핑크스의 수수께끼를 풀었을 때 오이디푸스는 두 발인 동시에 네 발이며 세 발이기도 한 희한한 존재였다.

먼저 그는 스핑크스 앞으로 두 발로 걸어갔다. 오이디푸스가 아니면 할 수 없는 대범한 행동이었다. 스핑크스는 수수께끼를 풀지 못하는 인간은 가차 없이 먹어치웠기에 스핑크스 앞에 서면 두 다리에 힘이 풀리고 온몸에 맥이 빠져 제대로 서 있을 수 있는 사람이 없었지만, 오이디푸스는 당당하게 두 발로 버티고 섰다.

그런데 사실 누구보다 뛰어난 인간으로서 '두 발'을 지닌 오이디푸스는 태어나자마자 두 발로 설 가능성을 부정당했고, 그 '징표'는 그의 몸에 또렷하게 새겨져 있었다. 이미 그 시점에서 오이디푸스에게는 아버지를 죽이고 언젠가 어머니와 결혼해 부정한 자손을 얻을 운명이 결정되어 있었다. 즉, 오이디푸스는 네 발 달린 짐승과 다름없는 존재였다.

'개처럼 살라'는 독특한 철학을 내세워 '견유학파'를 창시한 디오게네스(Diogenes, B.C.412? ~ B.C.323?, 그리스 키니코스학파의 철학자. 자급자족하는 가난한 생활을 주창하고 스스로 실천했다. 일광욕을 하고 있을 때 알렉산드로스 대왕이 찾아와 소원을 묻자, 아무것도 필요 없으니 해를 가리지 말고 비켜달라고 했다는 일화가 유명함)라는 철학자는 오이디푸스에 관해 다음과 같은 기술을 남겼다.

"오이디푸스는 자신이 자식이자 아비이자 형이자 한 여성의 지아비인 동시에 아들임을 알고 땅이 꺼지도록 탄식했지만, 무릇 개라면 그 정도의 일 따위는 괘념치 않거니와, 당나귀 역시 그 정도의 일로는 콧방귀조차 뀌지 않는다."

디오게네스의 견해에 따르면 오이디푸스는 고대 그리스인이 영어의 'nature'에 해당하는 **피시스**라는 단어로 불렸던 본성을, 인간에서 짐승으로 바꾸었다. 그는 스스로의 본성을 바꿈으로써 스핑크스가 제시했던 "지상과 공중과 바다 속의 생물 중에서 하나로만 성질(피시스)을 바꿀 수 있는 것"이라는 수수께끼의 답을 현실에서 보여주었다.

다시 말해 오이디푸스는 두 발인 동시에 네 발이며, 스스로는 이 시점에서 깨닫지 못했지만 분명 세 발로도 볼 수 있다. 겉모습은 두 발 달린 인간이었지만 이미 피시스는 네 발 달린 짐승으로 변해 있었으며, 언젠가 지팡이를 짚고 세 발로 걸어 다녀야 할 운명이

장 오귀스트 도미니크 앵그르 〈오이디푸스와 스핑크스〉 루브르 미술관 소장(프랑스)

결정되어 있었기 때문이다.

사실 스핑크스와 상대했을 때 오이디푸스는 지팡이를 짚고 있었다. 실제로 고대 그리스 미술 중에는 테베까지 여행을 갈 때 쓰려고 마련했던 여행용 단장에 몸을 기대고 스핑크스와 마주한 오이디푸스의 모습을 묘사한 작품이 종종 눈에 띈다.

테베에 내려진 신의 징벌,
역병

　고대 미술 중에는 스핑크스 앞에 선 오이디푸스가 오른쪽 손가락 끝으로 자신의 얼굴을 가리키는 모습을 묘사한 작품도 찾아볼 수 있다. 정황상 오이디푸스가 스핑크스를 향해 자신을 가리키며 "바로 내가 그런 인간이다!"라고 선언하는 장면이라고 해석할 수 있다. 즉, 두 발인 동시에 네 발이자 세 발인, 인간에서 짐승으로 피시스를 바꾼 자신을 인간 대표로 가리켰다고 추론할 수 있다.

　오이디푸스의 대답을 들은 스핑크스는 조금도 망설이지 않고 그 자리에서 정답이라고 인정했다. 인간은 결코 풀 수 없다고 믿고 출제했던 수수께끼를 오이디푸스가 풀어버리자, 스핑크스는 황망히 절벽에서 투신해 목숨을 끊었다. 덕분에 테베는 스핑크스의 공포에서 해방될 수 있었다.

오이디푸스는 크레온이 약속한 대로 자신을 낳아준 어머니인 줄도 모르고 이오카스테 왕비와 결혼해 테베 왕위에 올랐다.

오이디푸스는 스핑크스를 퇴치함으로써 '인간 중에서 가장 지혜로우며 동시에 용감한 자'라는 명예를 얻었고, 백성들은 그를 구세주이자 명군으로 추앙하며 모름지기 신에게 바쳐야 마땅할 정도의 존경을 바치면서 새 왕을 경배했다. 그렇게 오이디푸스는 오래오래 테베를 다스리며 번영시켰다. 오이디푸스와 이오카스테 왕비 사이에서 **폴리네이케스**와 **에테오클레스**라는 두 아들과, **안티고네**와 **이스메네**라는 두 딸이 태어났다.

소포클레스의 《오이디푸스 왕》에 보면, 오이디푸스가 만백성의 감사와 존경 그리고 신뢰를 얻어 희대의 명군으로서 다스리던 테베에, 마른하늘에 날벼락처럼 어느 날 갑자기 기이한 재앙이 발생했다는 이야기가 등장한다. 작물이 자라지 않고, 가축도 인간 여성도 자손을 낳지 못하는 데다, 고열을 동반한 역병이 창궐해 백성들이 속절없이 죽어 나가는 끔찍한 재앙이 테베를 덮쳤다. 오이디푸스는 재앙이 일어난 이유와, 어떻게 하면 재앙을 멈출 수 있는지를 아폴론 신탁에 묻고자 크레온을 델포이로 보냈다.

"이 재앙은 라이오스 선왕을 살해한 불한당이 마땅히 받아야 할 벌을 받지 않고 테베에서 안락하게 살고 있는 까닭에 일어났다. 그 불한당을 색출해 사형에 처하거나 국외로 추방해야 이 재앙을 끝맺을 수 있느니라."

크레온은 신탁을 받아 들고 테베로 돌아왔다.

수수께끼 풀이의 달인이 도전한
새로운 수수께끼

오이디푸스는 신탁을 전해 듣고 테베 백성에게 약속했다.

"라이오스 선왕을 살해한 불한당이 누구인지, 짐의 손으로 반드시 밝혀내 이 재앙을 멈추겠노라."

인간은 풀 수 없는 스핑크스의 수수께끼를 멋지게 풀어낸 수수께끼의 달인 오이디푸스가 새로운 수수께끼 풀이에 나섰다. 오이디푸스는 명민한 지혜와 그 무엇도 두려워하지 않는 용기를 발휘해 비극에서 합창대 역할을 맡은 테베 장로들이 지켜보는 앞에서 진실을 규명하겠다고 당당히 선언했다. 하지만 결과적으로 라이오스를 살해한 천하의 패륜아가 자신이고, 자신의 사랑스러운 네 아이를 낳아준 이오카스테 왕비가 그 자신 역시 낳아준 어머니였다는 천인공노할 사실이 밝혀지게 된다. 결국 재앙을 멈추기 위해 테베 밖으로 추방되어야 할 사람은 오이디푸스 자신이었던 것이다.

오이디푸스는 수수께끼를 풀기 위해 제일 먼저 라이오스 살해 사건을 소상히 아는 크레온에게 물었다. 자신이 테베에 오기 전 일어난 사건이었기에 이전의 사정을 낱낱이 파헤쳐야 했기 때문이다. 크레온은 아폴론의 신탁을 받으려고 떠난 여행길에서 노상강도의 습격을 받아 한 사람만 살아남고 몰살당했다는 이야기를 들려주었다. 간신히 목숨을 부지하고 테베로 돌아온 목격자의 말에 따르면 흉악한 범죄를 저지른 자는 한 사람이 아니라 무리를 지어 몰려다니던 도적떼라고 보고했다는 설명도 덧붙였다. 그런데 사건의 진상을 파헤치는 동안 오이디푸스는 사건이 벌어진 장소를 듣고 소스라치게 놀랐다.

"선왕이셨던 라이오스 전하께서 도적떼에게 몹쓸 짓을 당한 곳은 산속의 세 갈림길이었다고 하옵니다."

비슷한 장소에서 벌어진 과거의 사건이 떠올라 짚이는 구석이 있었기 때문이다. 오이디푸스는 테베에 도착하기 전 크레온이 말한 장소에서 어떤 나라의 왕으로 보임직한 인물과 마주쳤었다. 오이디푸스의 머릿속에 당시 갈림길 반대편에서 수행원 무리를 이끌고 마차를 타고 오던 남자와 만났을 때의 광경이 새록새록 되살아났다. 부당한 처사에 화가 났던 오이디푸스는 그 남자와 부하로 보이는 수행원 무리를 모조리 죽이고 말았다. 만약 라이오스가 '세 갈림길'에서 살해됐다는 게 사실이라면 자신이 그때 죽인 남자가 라이오스일지 모른다는 사실을 깨닫고, 오이디푸스는 오싹해졌다.

범인은 한 명이었나,
아니면 여러 명이었나

　오이디푸스는 라이오스가 살해당한 장소가 정말로 세 갈림길이
었는지를 이오카스테 왕비에게 거듭 물었다. 그는 왕비의 대답을
듣고 등줄기에 식은땀이 흐를 정도로 공포에 사로잡혔다. 만약 자
신의 생각이 옳다면 현재 테베를 덮친 재앙의 원인이자 라이오스
를 살해한 불한당은 바로 오이디푸스 자신이기 때문이었다.

　이오카스테 왕비가 말한 '길이 세 갈래로 갈라진 곳'이라는 말
에 오이디푸스가 풀어야 할 수수께끼의 결정적인 실마리가 숨겨
져 있었다. 수수께끼를 푸는 데 일가견이 있던 오이디푸스는 희미
한 실마리를 용케 놓치지 않고 귀담아들었다. 라이오스의 살해범
을 맞히는 수수께끼의 답이 자신일지 모른다는 소름 끼치는 현실
을 마주한 오이디푸스는 이 실마리를 출발점으로 삼아 곧장 앞만

보고 내달렸다.

"고인이 되신 라이오스 왕께서 살해당한 그 길이 세 갈래로 갈라지는 곳은 정확히 어디쯤이었소? 그 사건은 언제 일어났고, 그때 선왕께서 입으셨던 복장은 어떠했으며, 어떤 부하들을 거느리고 행차하셨는지 기억하시오?"

오이디푸스는 이오카스테 왕비에게 차근차근 물었다. 아니나 다를까, 그가 테베로 오던 길에 살해한 이들의 인상과 정황이 일치했다.

"아아, 이미 백일하에 드러났구나."(754행)

소포클레스의 비극《오이디푸스 왕》에서 오이디푸스가 이렇게 말했다. 그는 라이오스 왕을 살해한 불한당이 자신이라는 사실에 의문의 여지가 없음을 깨닫고는 망연자실했다. 그러나 이 시점까지 오이디푸스는 실낱같은 희망을 품고 있었다. 아직까지 자신이 틀림없이 라이오스 왕을 죽인 살인자라고 판단할 수 없다고 생각했기 때문이다. 그때까지 크레온과 이오카스테 왕비에게 들은 내용과, 그가 테베로 오기 전에 저지른 살인에는 명백히 다른 점이 있었다. 이오카스테 왕비는 전남편 살인은 '**도적떼**(lestai)**의 소행이었다**'고 말했다. 그런데 오이디푸스가 라이오스와 쏙 빼닮은 인물을 살해했을 때, 그는 길동무 없이 혼자 여행하고 있었던 것이다.

'현장에서 도망쳐 살아 돌아와 사건을 보고한 남자에게 물어보자. 라이오스 왕이 정말로 무리 지어 다니는 못된 놈들에게 당했다면 나는 절대 범인이 아니다.' 오이디푸스는 곰곰이 생각에 잠겼다.

오이디푸스를 구한
양치기를 소환하다

오이디푸스는 이오카스테 왕비에게 다시 물었다.

"당시 현장에서 혼자 살아 돌아온 남자는 지금 어디에 있소?"

이오카스테 왕비가 자신이 알기로는 시골에서 양을 치고 있다고 하자, 오이디푸스는 그의 거처를 수소문해 궁으로 소환하라고 명령했다.

"전하, 이제 와서 그자를 찾아 어찌할 생각이십니까?"

이오카스테 왕비가 되물었다.

"나는 테베로 오는 길에 라이오스 왕과 꼭 닮은 인물을 죽인 바 있소."

오이디푸스는 왕비와 테베 장로들 앞에서 고백했다.

"다만 나는 그때 혼자였소. 만약 그때 살아남은 남자가 라이오스 왕이 도적떼에게 살해당했다고 확인해주면, 내가 그때 죽인 사람은 라이오스 왕이 아니라는 게 밝혀지겠지."

이어진 오이디푸스의 넋두리에 이오카스테 왕비가 깜짝 놀라 말했다.

"그 남자는 분명 도적떼의 짓이라고 말했사옵니다. 그 이야기는 소첩 혼자 들은 게 아니라 테베 백성들도 똑똑히 들었기에, 그가 자신의 이야기를 철회할 일은 없을 듯하옵니다."

이오카스테 왕비는 양치기를 수소문해 찾아오겠다고 약속했다.

그런데 그 남자를 찾아내기 전에 한 노인이 코린토스에서 온 사절이라며 오이디푸스를 찾아왔다.

"폴리보스 왕이 후계자 없이 승하하시어, 코린토스 백성들은 오이디푸스 님께서 귀국하시어 왕이 되시기를 간절히 바라옵나이다."

사절이 오이디푸스에게 아뢰었다.

오이디푸스는 친아버지라고 믿고 있는 폴리보스 왕이 자신 때문이 아닌 병으로 사망하자, 자신이 아버지를 죽인다는 신탁이 실현될 가능성은 사라졌다며 안도했다. 그러나 메로페 왕비가 살아 있는 동안에는 '어머니와 결혼한다'는 신탁을 무시할 수 없었다. 어쩔 수 없이 오이디푸스는 "코린토스로 갈 수 없다"고 대답했다. 이에, 오이디푸스가 메로페를 어머니라고 믿고 신탁을 두려워한다는 사실을 알았던 사절이 말했다.

"전하의 시름은 제가 덜어드릴 수 있을 듯하옵니다."

사실 그 노인은 그 옛날 키타이론 산에 버려졌던 갓난아기 오이디푸스의 목숨을 구해 코린토스로 데리고 돌아갔던 폴리보스 왕의 양치기였다. 자신이 구해 폴리보스 왕의 양자가 된 업둥이가 지금은 코린토스의 왕이 되려던 참이다. 이 사실을 오이디푸스에게 알리면 한 밑천 단단히 잡을 수 있을 거라는 은밀한 기대를 품고, 늙은 양치기는 사절 역을 자청해 노구를 힘겹게 이끌고 여행길에 올랐던 것이다.

'모르는 게 약'이라는
이오카스테

　코린토스에서 온 늙은 사절은 오이디푸스에게 그가 탯줄도 떼기 전 양 발뒤꿈치에 핀이 꽂혀 키타이론 산속에 버려졌으며, 자신이 그 핀을 뽑고 코린토스로 데려가 폴리보스 왕이 양자로 맞아들이게 되었다는 그간의 사정을 털어놓았다.

　"그렇다면 내 친아버지는 누구인가?"

　오이디푸스가 묻자 늙은 사절이 대답했다.

　"소인으로서는 알 길이 없사옵니다. 핏덩이였던 오이디푸스 님을 저에게 주었던, 당시 이오카스테 왕비님 밑에서 일하던 양치기라면 알고 있을 터입니다."

　"그 양치기를 만날 수 있겠느냐?"

　오이디푸스가 묻자 그때까지 잠자코 두 사람이 주고받는 이야기를 듣고 있던 테베 장로들이 말했다.

"그 양치기는 오이디푸스 님이 소환하시려는, 라이오스 왕의 살해 소식을 전했던 남자와 동일 인물로 사료되옵니다. 이오카스테 왕비님께 여쭈어보면 확실해지지 않겠사옵니까?"

사절의 이야기를 들은 이오카스테 왕비는 오이디푸스가 자신이 낳았던 전남편의 아들이었음을 직감적으로 알아차렸다. 왕비는 이 무서운 진실을 오이디푸스에게만은 알리고 싶지 않았기에 결연히 떨치고 일어났다.

"전하, 모조리 허튼소립니다. 소첩의 생각으로는 그 남자를 불러 이미 지나간 일을 이러쿵저러쿵 따질 생각일랑 이제라도 그만두시는 게 좋을 듯하옵니다."

왕비는 오이디푸스가 양치기를 잊어버리도록 필사적으로 매달렸다.

"이런 단서를 잡고도 내 출생의 비밀을 밝히지 못한다는 건 천부당만부당한 일이오."(1058~1059행)

《오이디푸스 왕》에서는 왕비의 간청을 오이디푸스가 단호하게 거절하는 모습이 그려진다. 오이디푸스는 왕비가 아무리 애원해도 그 양치기에게 진상을 따져 물어 자신의 출생의 비밀을 철저하게 규명하겠다는 의지를 표명한다. 오이디푸스의 굳은 결심을 바꿀 수 없음을 깨달은 이오카스테 왕비는 탄식한다.

"아, 불행하신 분! 부디 당신이 누구인지 아시게 되지 않기를!"

(1068행)

"오, 가엾고 딱한 분. 이것이 제가 당신에게 드릴 수 있는 유일한 말이며, 다른 말은 앞으로도 듣지 못하실 거랍니다." (1071~1072행)

이오카스테 왕비는 비통한 울부짖음과 함께 가슴과 머리를 마구 쥐어뜯으며 궁전 안으로 뛰어 들어갔다.

양치기에게 전해 들은
충격적인 진실

우여곡절 끝에 오이디푸스에게 불려온 양치기가 내키지 않는 듯 쭈뼛쭈뼛 어전으로 들어섰다. 그는 선왕의 명령을 받아 갓난아기였던 오이디푸스를 버리려 했던 심복이었다. 그는 그 공을 인정받아서 대신으로 발탁되었고, 라이오스가 델포이로 신탁을 받으러 갈 때 수행원으로 동행하기도 했다. 또한 라이오스가 살해당한 현장에서 혼자 도망쳐 살아 돌아와, 왕과 다른 수행원들이 도적떼에게 몰살당했다고 보고했었다.

그러나 그 후 라이오스를 죽인 오이디푸스가 테베로 들어와 스핑크스의 수수께끼를 풀고 이오카스테 왕비와 결혼해 왕이 되자, 후환이 두려워 원래의 신분으로 돌아갔다. 그리고 테베 도심에서 멀리 떨어진 시골에서 가축을 치며 은둔 생활을 했던 것이다.

오이디푸스는 코린토스에서 온 늙은 사절이 그 남자에게서 자신을 건네받았을 때의 상황을 묻는 걸 지켜보았다.

"이보게 친구, 바로 여기 이분이 그때의 그 갓난아기란 말일세."

(1145행)

《오이디푸스 왕》에서 양치기는 자신이 늙은 사절에게 건네주었던 갓난아기가 오이디푸스였음을 알게 된다. 물론 양치기는 오이디푸스가 라이오스를 살해한 범인인 줄은 알고 있었지만, 그 불한당이 자신이 버렸어야 했던 라이오스와 이오카스테 사이에서 태어난 아기인 줄은 까마득히 모르고 있었다.

"이 불경한 놈! 어느 안전이라고 감히! 그 입 다물지 못할까!"

(1146행)

갑자기 진실을 깨달은 양치기는 소스라치게 놀라 새파랗게 질려서는 코린토스에서 온 늙수그레한 사절을 나무랐다. 하지만 어

디까지나 진실을 알고 싶었던 오이디푸스는 오히려 양치기를 엄하게 꾸짖었다.

"아아, 내 입으로 이렇게 끔찍한 말을 하게 되다니!" (1169행)

양치기의 입에서 조용한 탄식이 흘러나왔다.

"그래도 나는 들어야 하네. 무슨 일이 있어도 들어야 한다네."

(1170행)

오이디푸스는 비장하게 선언했고, 이윽고 라이오스와 이오카스테가 자신의 친부모라는 억장이 무너지는 진실을 듣게 된다.

스스로의 눈을 멀게 만든 오이디푸스

머리에 피도 마르지 않은 자신을 버리려 했던 양치기의 입에서 라이오스와 이오카스테가 자신의 친부모라는 진실을 들은 오이디 푸스는 비통함을 이기지 못하고 절규한다.

"아, 모든 것이 이루어졌구나. 오, 햇빛이여! 더 이상 너를 볼 자격이 없구나. 나는 태어나서는 안 될 사람에게서 태어나, 결코 아내로 삼아서는 안 될 사람과 부부의 연을 맺고, 결국 해쳐서는 안 되는 사람을 죽이고 말았구나!"(1182~1185행)

《오이디푸스 왕》에 나오는 대사다.

오이디푸스는 반실성한 상태로 왕궁으로 뛰어 들어가 침전에서 목숨을 끊으려던 이오카스테를 발견하고는 왕비의 옷에서 뽑아낸 황금 핀으로 자신의 두 눈을 저주하며 찔렀다. 그 참혹한 광경을 목격한 사절이 다른 이들에게 알렸다.

"왕비님을 보시자 왕께서는 처참하게 울부짖으시더니 목을 매달고 있던 줄을 풀고, 가련하신 왕비님을 바닥에 눕히셨습니다. 그 후에 차마 볼 수 없는 끔찍한 일이 벌어졌습죠. 왕비님의 옷에 꽂혀 있던 황금 핀을 뽑아내어 치켜드시더니, 이렇게 말씀하시며 스스로 두 눈을 찌르셨습니다."

"앞으로 내가 겪은 번뇌와 내가 저지른 악행을 다시 볼 사람은 없으리라. 앞으로는 암흑 속에서 지낼지어다. 나는 모름지기 보았어야 할 것을 보지 못하고, 마땅히 내가 알았어야 할 사람들을 알지 못한 죄인이었으니 말이다!"(1164~1276행)

《오이디푸스 왕》에서 오이디푸스는 스핑크스의 수수께끼가 암시했던 사람이 자신임을 만천하에 드러냈다.

연극이 시작된 시점에서는 누구보다 훌륭한 인간으로, 그 누구보다 뛰어난 인물로 여겨지던 오이디푸스는 극중에서 아버지를 죽이고 어머니와 결혼해, 태어나지 말았어야 할 자식들을 태어나게 했다는 사실이 밝혀진다. 두 발로 걷는 인간의 성질(안트로페이아 피시스)을 상실하고, 네 발로 기어 다니는 짐승으로 성질(피시스)이 바뀌었던 셈이다.

오이디푸스는 진실을 깨닫자 스스로 눈을 망가뜨려 세 발, 즉 지팡이에 의지함으로써 두 발이며 네 발이자 세 발이기도 한, 피시스를 인간에서 짐승으로 바꾼 자신의 정체를 백일하에 폭로했다.

장님이 된 것은
정말로 본인의 선택이었나?

스스로 눈을 멀게 만든 오이디푸스는 왕위를 버리고 테베를 떠나 큰딸 **안티고네**의 헌신적인 보살핌을 받으면서 이곳저곳을 정처 없이 떠돌아다녔다.

두 사람이 몸을 의탁하고 잠시나마 쉬어갈 수 있는 곳은 세상 어디에도 없었다. 오이디푸스가 아버지를 죽이고 어머니와 결혼해 태어나서는 안 될 자식을 낳아, 테베에 천벌이 내려졌다는 소문이 그리스 전역에 파다했기 때문이다. 만약 오이디푸스가 머물면 그 고장에도 테베에 일어났던 것과 같은 재앙이 일어나리라는 믿음이 팽배했다. 그 때문에 오이디푸스는 어느 곳을 가더라도 신분을 밝히면 약간의 동정과 배려를 받은 후에 추방당했다. 일국의 왕으로 모든 것을 누렸던 그였지만, 졸지에 집도 절도 없는 떠돌이 신세가 되고 말았다.

비참한 내력을 지닌 그는 아비를 죽이고 어미와 교접해 피시스를 인간에서 짐승으로 바꾸었지만, 그와는 반대 방향으로도 끊임없이 피시스를 바꾸어 나갔다. 오이디푸스는 비록 눈은 멀었지만 자신이 처한 상황을 정확하게 판단했다. 그리고 자신이 마땅히 해야 할 일을 책임지고 단호하게 실행하는, 두 발 달린 인간만이 가능한 삶의 방식을 지속했다. 짐승에서 인간으로 피시스를 바꾸어 나가는 삶의 방식을, 오이디푸스는 눈을 잃은 그 순간에 이미 시작했다.

《오이디푸스 왕》에서는 오이디푸스의 두 눈에서 흐르는 피로 시뻘겋게 물든 처참한 모습을 본 테베 장로들이 그에게 묻는 장면이 나온다.

"아, 끔찍한 일을 저지른 분이여! 어찌하여 스스로 눈을 멀게 하셨나이까? 어떤 신이 그대를 그리하도록 부추겼단 말입니까?"

(1327~1328행)

오이디푸스가 대답했다.

"아폴론이다. 벗들이여, 아폴론이 내 불행, 내 비참한 고뇌를 성취시킨 분이다. 그러나 내 눈을 멀게 한 사람은 다른 누군가가 아닌 나 자신이다. 이 불행한 자의 손이다." (1329~1332행)

상식적으로 정신이 멀쩡한 사람이 제 눈을 멀게 할 리 없을 터, 테베 장로들은 오이디푸스가 제정신을 유지한 채 눈을 찔렀다고는 감히 생각지 못했다. 당연히 신에게 벌을 받아 실성한 상태에서 비참한 행위를 저지르도록 조정당했다고 짐작하고, 그를 미치게 한 신이 누구인지를 물었던 것이다.

　오이디푸스는 자신이 아버지를 죽이고 어머니와 결혼해 자식까지 낳은 것은 처음부터 정해진 운명이었으며, 아폴론이 이미 신탁해서 예언했던 일이었다고 설명했다. 그러나 눈을 멀게 했던 순간에는 그 어느 신에게도 조종당하지 않고 멀쩡한 정신으로 판단하였고, 자신의 의사로 손을 움직여 저지른 일이었다고 단호하게 말했다.

지팡이를 짚고 안티고네에게 의지해 걷는 오이디푸스

기적적으로 신령이 된
오이디푸스

《오이디푸스 왕》의 저자 소포클레스는 그리스 연극의 백미인 이 걸작이 초연된 지 약 20년 후인 기원전 406년, 아흔 살이라는 고령으로 천수를 누리고 세상을 떠났다.

소포클레스는 마치 죽음을 예감한 듯 죽기 직전에 오이디푸스를 주인공으로 내세운 한 편의 연극 **《콜로노스의 오이디푸스》**를 완성했다. 기원전 402년에 그의 손자의 손으로 초연된 이 극은, 오이디푸스가 상상을 초월하는 불행과 고난의 끄트머리에서도 주어진 운명을 당당하게 마주하고 책임을 다하며 해야 할 일을 함으로써 인간의 피시스를 유지하는 삶을 살았음을 그렸다. 결국 방랑의 끝에 소포클레스의 고향이었던 아티카의 콜로노스에 이르러 생을 마감하고, 지상에서 모습이 사라져가는 것으로 끝을 맺는다.

이 연극의 막바지 장면에서 오이디푸스가 두 딸과 아티카의 왕 테세우스 일행과 함께 있는데, 느닷없이 어디선가 오이디푸스를 부르는 불가사의한 목소리가 들려온다.

"어이, 거기 오이디푸스여! 왜 우리의 출발을 지체시키는가? 꽤 오랫동안 그대를 기다렸다네." (1627~1628행)

마치 동료에게 하듯 친근하게 말을 거는 신의 음성으로, 그 목소리를 들은 청년들은 머리카락이 쭈뼛 설 정도로 공포에 사로잡혀 벌벌 떨었다. 오이디푸스는 딸들의 손을 다정하게 어루만지며 말했다.

"얘들아, 너희는 품위를 유지한 채 이곳을 떠나거라. 보아서는 안 될 것을 보려 하거나, 들어서는 안 될 것을 들으려 애쓰지 말고, 어서 가거라." (1640~1643행)

오이디푸스는 휘이휘이 손사래까지 쳐가며 딸들과 일행을 쫓아보내듯 서둘러 떠나보낸다.

"테세우스 전하만은 여기 남아 지금부터 일어나는 일을 알아도 좋습니다." (1643~1644행)

오이디푸스의 마지막 가는 길은 단 한 사람만 지켜볼 수 있었고, 오이디푸스는 테세우스에게 남아달라고 부탁했다.

오이디푸스의 최후는 기적이 끝난 후에 뒤를 돌아보며 서 있던, 오이디푸스의 모습이 스러져가는 광경을 본 한 남자의 입을 통해 전해졌다.

"그분은 신이 내리꽂은 타오르는 번갯불에 맞아 돌아가시지도 않았거니와, 갑자기 불어온 돌풍에 휩쓸려 가지도 않으셨소. 신들인지 뉘신지 알 길이 없소. 신들이 오이디푸스 님의 길잡이로 보내셨는지, 아니면 망자들이 사는 지하세계가 그를 환영하려고 그랬는지 땅바닥이 쩍 갈라지더이다. 그분은 가슴을 에는 비탄이나 병마로 고통 받지 않았고, 우리 인간 세상에서 일어날 수 있는 가장 놀라운 기적이 일어나 이 세상에서 사라졌다오." (1658~1665행)

소포클레스가
아테네에 남긴 유언

《콜로노스의 오이디푸스》에 따르면 오이디푸스는 콜로노스에서 죽지 않았다. 기적이 일어나 지하세계의 신들에게 환영받으며 그들의 일원이 되어 모습을 감추었고, 그렇게 지상에서의 생애를 마감했다고 한다.

오이디푸스가 인간 이하의 짐승과 인간이라는 이중적 피시스를 지니고 인간에서 짐승으로, 다시 짐승에서 인간으로 끊임없이 피시스를 바꾸는 존재였다고 소포클레스는 연극 속에서 말했다. 그랬던 오이디푸스가 인간 이상의 존재인 신령으로 피시스를 한 단계 더 변화시키는 모습을 소포클레스는 《콜로노스의 오이디푸스》에서 묘사했다. 즉, 극중에서 오이디푸스는 두 발, 네 발, 세 발이라는 세 가지 속성을 가진 동시에 피시스도 인간과 인간 이하의 짐승, 인간 이상의 신령이라는 세 가지 양상으로 변화했다.

연극이 집필된 시기로 추정되는 기원전 404년에서 2년 후인 기원전 402년, **펠로폰네소스 전쟁**(Peloponnesian War)이 아테네의 패배로 끝났다. 사실 아테네의 패배는 소포클레스가 연극을 한창 써 내려가던 시점에도 이미 기정사실로 받아들여지고 있었다. 아테네는 전쟁에서 패배했을 뿐 아니라는 주춧돌 하나 남기지 않을 정도로 완전히 파괴되어 재기의 가능성조차 보이지 않았다.

아테네와 적대 관계에 있던 여러 나라 중 테베와 코린토스가 앞장서서 "아테네를 멸망시켜야 한다"며 아테네 타도를 부르짖었다. 즉, 기원전 5세기에 페르시아 전쟁에서 승리하고 이후 페리클레스의 통치 하에 엄청난 번영을 구가하던 아테네는 펠로폰네소스 전쟁에 패배하며 고배를 마셨고, 거듭된 실책으로 자신감마저 산산조각 난 상태였다. 게다가 전쟁으로 국력이 완전히 소진되어 지상에서 존재 자체가 사라질 위기에 처해 있었다.

소포클레스는 아테네처럼 위대한 문명을 이룩하며 불멸로 여겨지던 영광을 얻은 후 나락으로 떨어져 역경에 처했던 오이디푸스가 최후에는 지상에서 소멸하며 불사의 신령으로 거듭난 기적을 그려 보인 바 있다.

"오이디푸스처럼 불굴의 용기를 지니고 용감하게 맞서, 절망의 구렁텅이에 떨어져서도 고귀함을 잃지 않는 위대한 존재는, 운명의 장난으로 지상에서 사라질지라도 눈에 보이지 않는 영향력을 신들로부터 부여받아, 역사 속에서 영원히 빛나며 영원 불멸성을 얻을 것이다."

소포클레스는 자신의 작품을 통해 동포들에게 이런 메시지를 전달하고자 했던 게 아니었을까?

제8장

트로이 전쟁

영웅 종족의 시대에
종말을 고하려 했던 제우스

　오이디푸스가 지상에서 사라진 후, 제우스는 영웅들의 시대를 길게 끌지 않을 심산이었다. 영웅들의 수가 기하급수적으로 불어나자 대지의 여신 가이아가 그들의 활약을 뒷받침하기가 점점 힘에 부친다며 수시로 볼멘소리를 늘어놓았기 때문이다. 가이아는 틈만 나면 제우스에게 제발 좀 영웅들을 막아달라고 간청했지만 영웅들은 폭주를 멈추지 않았다. 영웅들은 가이아 여신이 짊어진 막중한 부담은 안중에도 없었고, 어머니 대지의 등골이 휘거나 말거나 모험과 전쟁에 여념이 없었다.

　영웅들에게 하도 시달려 영웅이라는 말만 들어도 신물이 날 지경이 된 가이아는 한껏 방자해진 인간들을 멸해 대지의 짐을 덜어달라고 제우스에게 청원했다. 결국 제우스는 영웅들이 사족을 못

쓰는 전쟁을 일으켜 그들끼리 서로 죽고 죽이다 끝내는 자멸하게 된다는 각본을 짰다.

각본을 실행하기 위해 제우스는 제일 먼저 오이디푸스가 사라진 후의 테베에서 두 번에 걸친 격렬한 전쟁을 일으켰다.

오이디푸스의 아들 **폴리네이케스**와 **에테오클레스**는 일 년씩 번갈아 왕이 되기로 약속했다. 그러나 동생 에테오클레스는 약속을 지키지 않았고 형을 국외로 추방했다. 분개한 폴레네이케스는 아르고스로 가서 아드라스토스 왕의 사위가 되었다. 그리고 장인어른의 힘을 등에 업고, 자신과 아드라스토스를 포함한 일곱 명의 장수들이 이끄는 군대를 모아 테베로 진격했다. 누구나 테베가 멸망하리라고 예상했지만, 에테오클레스의 탁월한 지휘 덕분에 테베가 승리를 거두었다. 그러나 전쟁 통에 쌍둥이 형제였던 폴리네이케스와 에테오클레스는 서로에게 칼끝을 겨누는 원수가 되었고, 결국 둘 모두 전사하고 만다.

전쟁이 끝나고 십 년 후, 일곱 명의 장군들의 아들들이 다시 원정군을 조직해 에테오클레스의 아들 라오다마스가 왕위에 오른 테베로 쳐들어갔다. 아버지들이 이루지 못했던 목표를 계승한 '에피고노이(후예들)'는 테베를 함락시키고 철저히 파괴했다. 이후 폴리네이케스의 아들 테르산드로스가 테베의 왕이 되었고, 피난을 떠났던 백성들을 다시 불러 모아 다스렸다.

제우스는 이 두 번의 전쟁으로 영웅들의 활동의 중요한 거점이었던 테베를 일단 멸망시켰다. 그리고 다음 수순으로 그리스인뿐 아니라 세계 변방에 사는 자들까지 끌어들인 대규모 전쟁을 일으키기로 했다. 이 전쟁과 더불어 벌어진 일련의 사건들로 인해 영웅 종족의 시대는 마침내 종말을 고하였고, 그들보다 훨씬 못한 자손들인 '철의 종족'들로 교체되었다. 영웅 종족의 시대의 말미에 일어난 대규모 전쟁이 앞으로 이야기할 '트로이 전쟁'이다.

세계 최고의 미녀 헬레네의 탄생과 메넬라오스와의 결혼

세계대전을 일으키겠다고 마음먹은 제우스는 미리 짜둔 각본에 따라 세기의 미녀 탄생 작전에 돌입한다. 영웅들의 마음을 사로잡아 쟁탈전을 벌일 절세 미녀를 탄생시키면 전쟁의 도화선에 불을 붙일 수 있기 때문이었다.

제우스는 제일 먼저 네메시스(Nemesis)라는 여신을 끌어안았다. 네메시스는 오만함을 벌하는 임무를 맡은 여신이었다. 분수를 모르고 오만방자해진 영웅들을 멸망시킬 전쟁의 불씨 역할을 할 아기를 낳기에 네메시스 여신만 한 적임자가 없었던 것이다.

그런데 제우스가 자신에게 주려는 임무가 마뜩치 않았는지 여신은 이런저런 동물로 변신해 제우스의 품에서 요리조리 빠져나갔다. 그러다 거위로 변신했을 때 백조로 변신한 제우스에게 잡혀 결국 새하얀 알 하나를 낳게 된다.

제우스는 헤르메스에게 네메시스 여신이 낳은 알을 주며 스파르타의 틴다레오스 왕의 왕비였던 레다에게 맡기라고 명했다. 보기 드문 미녀였던 레다는 제우스에게 간택되어, 제우스의 아들인 폴리데우케스와 인간 남편의 아들인 카스토르라는 쌍둥이 형제를 낳았다.

레다에게 맡겨진 알에서는 아프로디테의 환생이 아닐까 의심스러울 정도로 아름다운 여자아이가 태어났다. 아기에게는 **헬레네**(Helene)라는 이름이 붙여졌고, 틴다레오스와 레다의 자식으로 길러졌다.

참고로, 백조로 변신했던 제우스가 네메시스 여신이 아닌 레다를 품었다는 설도 있다. 그 이야기에서 레다는 알을 두 개 낳는데, 한 알에서는 폴리데우케스라는 아들과 클리타임네스트라라는 딸이, 다른 알에서는 카스토르라는 아들과 헬레네라는 딸이 태어났다고 한다.

어쨌든 헬레네가 아리따운 아가씨로 자라나 한창 미모에 물이 오르자, 틴다레오스 왕은 딸의 배필을 찾아 혼처를 물색했고, 그리스 전역에서 영웅들이 몰려들었다. 구혼자들은 헬레네에 대한 사랑의 열병에 들떠 반쯤 정신이 나가 사리분별을 하지 못했고, 사소한 시비에도 죽기 살기로 덤벼들었다. 헬레네를 신붓감으로 데려가겠다는 남정네들이 세계 곳곳에서 몰려들며 터질 듯 긴장된 분위기가 한껏 고조되고 있었다.

틴다레오스 왕이 난처해하고 있자니 이타카 섬의 왕이자 구혼자 중 한 사람이었던 슬기로운 **오디세우스**(Odysseus)가 명안을 귀띔해주었다.

"전하, 구혼자들에게 말씀하십시오. 누구를 전하의 사윗감으로 선택하더라도 이의를 제기하지 않고, 또 그 결혼에 해를 가하는 자가 있다면 모두 힘을 합쳐 헬레네 공주님의 남편을 돕겠다고 맹세하게 하신 다음, 헬레네 공주님이 직접 신랑을 고르게 하십시오."

틴다레오스는 오디세우스의 지혜로운 조언에 탄복하며 그가 시키는 대로 했다.

헬레네는 **메넬라오스**(Menelaos)라는 금발의 잘생긴 청년을 새신랑으로 지목했다. 메넬라오스는 당시 그리스에서 가장 강한 국가였던 미케네(Mycenae)의 아가멤논 왕의 동생이었다.

잘생긴 새신랑과 아름다운 새신부는 모두의 축복을 받으며 결혼했고, 메넬라오스는 장인의 뒤를 이어 스파르타의 왕위에 올랐다.

백조

우리는
종족이
다르잖아요!

거위

여신 테티스와
인간 펠레우스의 결혼

앞으로 필연적으로 일어날 전쟁의 서막이 될 세계 최고의 미녀를 탄생시킨 제우스는 이어서 전쟁을 빛낼 용감무쌍한 전사들을 탄생시키는 작업에 착수했다. 그는 제일 먼저 전사들을 만들어낼 방법을 지혜로운 테미스 여신에게 물었다. 테미스는 율법의 여신으로, 헤라가 왕비가 되기 전에 제우스의 아내가 되어 계절의 여신인 호라이 세 자매와 운명의 여신인 모이라이 자매를 낳았다. 과연 테미스는 제우스를 실망시키지 않고 제우스의 간담이 서늘해질 정도의 비책을 가르쳐주었다.

제우스는 당시 바다에 사는 어느 여신에게 반해 끈질기게 추파를 던지며 결혼해달라고 졸라대고 있었다. 그 여신은 헤라에게 버림받은 헤파이스토스를 가엾이 여겨 거두어들인 **테티스**(Thetis)였

야콥 요르단스 〈테티스와 펠레우스의 결혼〉 프라도 미술관 소장(스페인)

다. 테티스는 네레우스라는 늙은 현자인 바다의 신과 오케아니즈 중 한 사람인 도리스 사이에 태어났던 네레이데스라 불린 바다에 사는 여신 중 한 사람으로, 미녀라는 소문이 자자했던 쉰 명의 자매들 중에서도 눈에 띄게 아름다웠다. 그래서 제우스뿐 아니라 포세이돈 역시 테티스에게 마음이 있었다.

테티스는 누구의 아이를 낳아도 그 아이가 아버지보다 강해진다는 운명을 타고났다. 즉, 제우스나 포세이돈이 테티스에게 자손을 수태시키면, 그 아이는 아버지보다 강해지기에 세계를 지배하는 현존하는 신들은 권좌를 빼앗길 가능성이 있었다. 테티스에게 운명의 비밀을 들은 제우스는 바로 그녀를 단념하였고, 포세이돈에게도 넌지시 진실을 알려주어 마음을 접게 만들었다.

제우스는 아버지보다 강한 아이가 태어나도 신들의 지위를 위협받지 않도록, 그녀를 테살리아의 프티아(Phthia)의 왕이자 우수한 전사였던 **펠레우스**(Peleus)라는 영웅에게 시집보내기로 했다.

펠레우스에게도 테티스를 아내로 맞이한다는 건 쉬운 결정이 아니었다. 테티스 역시 인간 남자의 아내 자리가 성에 차지 않았다. 테티스는 못마땅한 기색을 굳이 감추지 않고 남편이 안으려고 할 때마다 그의 품속에서 불과 물, 바람, 사자, 뱀 등 온갖 것으로 변신해 빠져나가려 몸부림을 쳤다.

펠레우스도 만만치 않았다. 현자로 소문난 케이론이라는 켄타우로스에게 전수받은 대로, 테티스가 무엇으로 변하든 겁내지 않고 꽉 끌어안았다. 그러자 테티스는 하얗고 미끄덩거리는 거대한 오징어로 변했지만 펠레우스는 이번에도 여신을 끌어안고 놓아주지 않았다. 결국 테티스는 다시 아름다운 여신으로 돌아가 남편의 포옹에 몸을 내맡기고는 아내가 될 것을 승낙했다.

불사의 몸이 될 뻔했던
아킬레우스

테티스가 펠레우스와 부부의 인연을 맺었다는 소식을 전해 들은 제우스는 다른 신들과 함께 지상으로 내려와 성대한 혼인 잔치를 베풀며 여신과 인간 영웅의 결합을 축하했다. 그러나 이 결혼은 오래가지 못했다.

펠레우스와의 사이에 아들 **아킬레우스**(Achilleus)를 낳은 후 테티스는 아들을 불사로 만드는 작업에 착수했다. 테티스는 신들을 불사로 만들어주는 암브로시아를 갓난아기의 몸에 바르고, 밤이 되면 아기를 불길에 집어넣어 태우는 작업을 되풀이했다. 그 과정에서 인간의 육체는 조금씩 불타 사라지고 불사의 몸으로 거듭난다.

그런데 열이틀째 밤에 테티스가 아들을 불 속에 집어넣는 장면을 펠레우스가 목격하고 말았다. 펠레우스는 아내가 갓난아기를 태워 죽이려는 줄 알고 통곡했다. 아킬레우스를 불사로 만들려던 테티스의 계획은 남편의 방해로 인해 어중간하게 끝나고 말았다.

낙담한 테티스는 아기를 바닥에 내동댕이치고 그 길로 집을 나가 바다 속에 있는 아버지와 자매들이 있는 친정으로 돌아갔다. 어머니 덕분에 아킬레우스는 어떠한 무기로도 발뒤꿈치 이외에 상처를 입지 않는 몸을 얻었지만, 완전한 불사에는 이르지 못했다.

아킬레우스를 불사로 만들려던 테티스가 아들의 몸을 망자의 나라를 흐르는 스틱스 샘에 적셨다는 조금 다른 내용의 이야기도 있다. 이 이야기에서는 테티스가 아킬레우스의 발뒤꿈치를 붙잡고 있었기에, 그 부분만 신성한 물이 닿지 않아 평범한 인간의 육체로 남았다고 전해진다.

아내가 떠난 후 펠레우스는 아들을 펠리온 산의 바위동굴로 데려가 영웅들의 탁월한 교육자로 명성을 얻은 케이론에게 맡겼다. 케이론은 아킬레우스에게 무예를 익히게 하는 동시에 사자의 내장과 곰의 골수 등 힘과 용기와 지혜를 주는 온갖 자양강장제를 먹여 소년이 튼튼하게 자라도록 정성껏 보살폈다.

스승 덕분에 아킬레우스는 어린아이의 몸으로 사자와 격투를 벌여 때려눕혔고, 사슴과 달리기 시합을 해 이길 정도로 발이 빨라졌고, 묵직한 창을 마치 활처럼 가볍게 날릴 수 있을 정도의 출중한 무예 실력을 갖추었다.

케이론은 아킬레우스에게 무예 이외에도 의술과 음악, 예의범절, 신들을 공경하는 법 등 영웅에게 필요한 지식을 철저하게 가르쳤다. 덕분에 아킬레우스는 용감무쌍한 전사인 동시에 다방면에서 재능을 갖춘 팔방미인 영웅으로 자라나, 제우스가 계획했던 전쟁을 빛내줄 스타 자질을 모두 갖추었다. 이후 아킬레우스는 트로이 전쟁에서 후대에 나올 철의 종족인 인간들에게도 귀감이 되는 활약을 펼치게 된다.

전차를 타고 질주하는 아킬레우스

에리스가 일으킨
세 여신 사이의 불화

　신들이 펠리온 산으로 내려와 펠레우스와 테티스의 결혼을 축하하는 연회를 열었을 때, 바야흐로 대전쟁의 서막을 알리는 사건이 일어났다.

　연회에는 **에리스**(Eris)라는 분쟁의 여신이 초대받지 못했다. 아무리 즐거운 자리라도 이 여신이 나타나면 순식간에 찬물을 끼얹은 듯 살벌한 분위기로 변하는 통에, 에리스는 어떤 자리에서도 환영받지 못하는 불청객 취급을 당했다. 따돌림을 당하자 토라진 에리스는 신들이 서로 옥신각신 다투도록 분란을 일으켜 이 수모를 되갚아 주겠다고 다짐했다.

　에리스는 헤스페리데스의 낙원에 있던 황금 사과 하나를 따왔다.

"가장 아름다운 여신께 드리는 선물입니다."

에리스는 무심한 척 신들 사이에 황금 사과를 내던졌다. 곧바로 여신들끼리 내가 제일 아름답다며 승강이를 벌였고, 결국 제우스의 아내 **헤라**, 제우스가 가장 아끼는 딸 **아테나**, 마지막으로 미의 여신인 **아프로디테**, 세 여신이 남았다.

"내가 제일 아름다우니 이 사과는 당연히 내가 가져야 한다."

세 여신은 한 치의 양보도 없이 사과 하나를 두고 드잡이를 벌였다. 난처해진 제우스는 이 세 여신 중 누가 제일 아름다운지를 결정하는 심판을 파리스라는 인간 청년에게 맡겼다. 파리스는 다다넬스-보스포러스해협에 면한 언덕 위에서 번영을 구가하던 트로이라는 도시 국가의 왕자였다.

파리스의 어머니이자 트로이 왕비였던 헤카베는 임신 중에 자신이 활활 불타는 횃불을 낳아 그 불로 트로이가 불타는 꿈을 꾸었다. 왕비에게서 태몽 이야기를 들은 트로이의 프리아모스 왕은 점술가에게 해몽을 부탁했다. 점술가는 헤카베 왕비에게서 태어날 아기에게 점지된 운명으로, 트로이가 멸망할 전조라고 꿈을 풀이해서 알려주었다.

불길한 태몽 탓에 파리스는 탯줄을 끊기가 무섭게 트로이 인근의 이다 산 깊은 곳에 버려졌다. 그런데 버려진 아기는 죽지 않고 곰의 젖을 먹고 살았고, 지나가던 목동이 아기를 발견해 구했다. 파리스는 목동 슬하에서 늠름하고 잘생긴 청년으로 성장했다. 그리고 이다 산에서 일개 목동의 아들로 친아버지 소유의 가축이라는 사실은 알지 못한 채 프리아모스 왕의 소 떼를 돌보며 살았다.

　제우스는 헤르메스에게 명해 파리스 앞에 세 여신을 데려가게 했다. 신들이 눈앞에 나타나자 파리스는 황송함과 두려움에 몸 둘 바를 몰라 사시나무 떨 듯 떨기만 했다.

　"제우스 님의 분부다. 여기 이 여신 중에서 누가 제일 아름다운 지를 결정하는 심판을 너에게 맡기라고 하셨다. 삼가 분부를 받들어 네가 가장 아름답다고 생각하는 여신에게 이 사과를 드리도록 하여라."

　헤르메스는 파리스에게 황금 사과를 건네며 말했다.

세계 최고의 미녀를 선택하게 된
파리스의 심판

세 여신은 파리스에게 서로 자신을 선택하라며, 각자 맡은 직분에 걸맞은 선물을 주겠다고 약속했다.

올림포스의 여왕 헤라는 파리스를 **아시아와 유럽 전역의 왕으로 만들어 주겠노라**고 장담했고, 아테나는 **어떤 전쟁에서도 승리하는 무적의 무예를 전수하겠다**며 파리스의 구미를 당기게 했다. 아프로디테는 완벽한 모양으로 봉긋하게 부푼 새하얀 젖가슴이 비치는 옷을 걸치고는 은근슬쩍 속살을 보여주며, 파리스의 머리카락을 손으로 매만지면서 산호처럼 붉은 입술을 그의 귀에 대고 요염한 목소리로 속삭였다.

"세계를 지배하는 것이나 모든 전쟁에서 승리하는 것보다, 남자에게 가장 큰 기쁨은 궁극의 쾌락을 맛보게 해줄 미녀를 아내로 맞

페테르 파울 루벤스 〈파리스의 심판〉 런던 내셔널 갤러리 소장(영국)

아들이는 게 아닐까? 지금, 인간 세상에서 이 아프로디테의 화신으로 여겨지는 미녀가 있다는 소식은 너도 들어서 알고 있겠지? 그리고 그 미녀가 스파르타의 메넬라오스 왕의 왕비라는 것도 알고 있을 테지. 그 사과를 나에게 주면 **세상에서 제일 아름다운 헬레네를 네 아내로 만들어줄게.** 헬레네를 품에 안으면 미의 여신인 나를 안는 듯한 희열에 밤낮으로 취해 살 수 있단다."

아프로디테의 말을 들은 파리스는 마법에 걸린 듯 손에 들고 있던 사과를 곧장 그녀에게 건넸다. 아프로디테는 헤라와 아테나를 향해 득의만만한 미소를 지어 보이며 말했다.

"아름다움에 관해서라면 내로라하는 여신들도 저에게는 적수가 되지 않는 모양입니다."

그리하여 파리스는 세계 최고의 미녀인 헬레네를 아내로 얻었을 뿐 아니라, 제우스도 한 수 접고 들어갈 정도로 강력한 신통력

을 자랑하는 아프로디테의 총애와 가호를 받게 되었다.

반면, 파리스와 같은 일족인 트로이 왕가는 쟁쟁한 여신을 둘이나 적으로 돌리게 되었다. 헤라와 아테나는 파리스의 심판 탓에 위대한 여신으로서의 긍지가 심각하게 손상되었다며 치를 떨었다.

"비천한 인간 애송이 따위가 이런 모욕을 주다니. 이 원한은 반드시 되갚아 주리라!"

두 여신은 의기투합해 복수를 다짐했다.

헤라와 아테나는 파리스뿐 아니라 부모와 형제들에게도 반드시 비참한 최후를 선사해, 그가 내린 판결이 얼마나 어리석었는지를 후세 인간들에게 똑똑히 깨닫게 해주겠다고 굳게 맹세했다.

트로이 왕자 지위를 되찾은
파리스

파리스가 세 여신 중 누가 가장 아름다운지를 심판한 후에도 한 가지 사건이 더 일어났다.

파리스의 어머니 헤카베는 불길한 태몽 탓에 버려진 아들이 눈에 밟혀 내내 가슴에 한을 품고 살았다. 헤카베 왕비는 파리스의 스무 번째 생일이 다가오자 프리아모스 왕에게 그날 성대한 경기를 열어 부디 죽은 아들의 넋이나마 달랠 수 있게 해달라고 간청했다. 왕은 왕비의 청을 들어주었다. 그리고 경기 우승자에게 상품으로 줄 쓸 만한 소를 골라 오도록 신하들을 이다 산으로 파견했다.

그런데 신하들은 하필 파리스가 제일 아끼는 소를 점찍었다. 소가 트로이로 끌려가 경기 우승자에게 상품으로 주어진다는 소식을 들은 파리스는 소를 되찾기 위해 경기에 참가하기로 했다.

경기에는 무예 실력이 출중하기로 소문난 프리아모스 왕의 아들인 트로이 왕자들과 아시아 각국에서 찾아온 내로라하는 영웅들이 참가했다. 파리스는 소중한 소를 되찾겠다는 일념으로 이를 악물고 노력했고, 각종 겨루기와 창던지기, 원반던지기 등 다섯 종목의 경기에서 모조리 우승을 차지했다. 그러자 프리아모스 왕의 왕자들 중에서 특히 성미가 급했던 데이포보스가 발끈했다.

"고작 소몰이꾼 청년의 우승을 인정하면 저희 체면이 말이 아니게 됩니다!"

데이포보스는 파리스의 우승을 인정하라고 주장하던 공정한 형 헥토르와 말다툼을 벌였다. 말로는 결판이 나지 않겠다고 생각한 데이포보스는 검을 뽑아 파리스를 죽이려 했다. 그 순간, 갓난아기였던 파리스를 주워 지금까지 길러온 목동이 끼어들어서는 그 옛날 아기를 감싸고 있던 배냇저고리를 펼쳐 보이며, 그가 이십 년 전에 버려진 프리아모스 왕의 아들임을 밝혔다. 죽은 줄만 알았던 아들이 늠름하고 잘생긴 청년으로 성장해 돌아오자, 프리아모스 왕과 헤카베 왕비는 기쁨에 겨워 아들을 얼싸안았다.

출생의 비밀이 밝혀지고 나서부터 파리스는 트로이 왕실에서 눈에 넣어도 아프지 않을 정도로 사랑받는 아들이 되었다. 왕과 왕비는 그간의 고생을 보답하듯 파리스의 청이라면 무엇이든 들어주었고, 얼마 지나지 않아 파리스는 버릇없는 응석받이 왕자님이 되고 말았다.

내친김에 파리스는 프리아모스 왕에게 스파르타로 가기 위해 호화스럽게 장식한 사치스러운 배를 건조해 달라고 졸랐다. 그리고 그 배에 헬레네의 환심을 사기 위한 갖가지 선물을 가득 싣고 출항했다.

전쟁의 원인이 된
헬레네 납치

파리스가 스파르타에 도착하자 그의 진짜 목적을 알지 못한 **메넬라오스**는 먼 길을 찾아온 손님을 반갑게 맞이하며 왕궁에 묵게 하고 정중하게 환대했다.

파리스를 환영하기 위해 메넬라오스가 주최한 연회 자리에서 파리스는 헬레네에게 주기 위해 마련해 간 선물을 선보였다. 그것은 그리스에서는 찾아보기 어려운 진귀한 보배로, 여자라면 누구나 탐낼 만한 값진 물건들이었다. 선물을 본 사람들은 보물을 아낌없이 내어줄 수 있는 트로이의 부유함에 감탄하고 동경하며 자조적인 한숨을 내쉬었다.

그러나 정작 헬레네는 염불보다 잿밥에 관심이 있었다. 그녀는 평범한 그리스 사내들에게 없는 기품이 넘치는 파리스의 출중한 외모에 매료되었다. 황금과 보석 그리고 공 들여 수놓은 의상이 파리스의 우아하고 잘생긴 외모를 한층 빛내주었고, 헬레네의 눈에는 그가 인간이 아닌 사랑의 신 에로스처럼 비쳤다.

아내가 이국에서 온 잘생긴 청년에게 완전히 마음을 빼앗겨도, 호탕하고 사람 좋은 메넬라오스는 눈치채지 못했다. 메넬라오스는 아흐레에 걸쳐 파리스를 환대하였고, 이후의 접대를 헬레네에게 맡기고는 크레타 섬으로 외유를 떠났다.

메넬라오스가 자리를 비우자 파리스는 기다렸다는 듯 헬레네를 유혹했다. 헬레네는 이미 파리스에게 푹 빠져 있었기에 유혹의 손길을 거부하는 시늉조차 하지 않았다. 파리스의 다정한 애무는 여태까지 무심한 남편에게 안겨 경험했던 것과는 다른 쾌락을 맛보게 해주었고, 헬레네는 점점 더 파리스에게 빠져들었다.

결국 헬레네는 가지고 갈 수 있는 재산을 챙겨 몸에 지니고는 파리스와 함께 그가 타고 왔던 배에 올랐다. 순풍을 타고 배는 순조롭게 나아갔고, 두 연인은 사흘의 항해를 거쳐 트로이에 도착했다.

트로이 사람들은 자신들의 총아인 왕자가 세계 최고의 미녀를 아내로 삼아 데리고 돌아오자 기뻐하며 열렬하게 환영했다. 파리스와 헬레네는 축복을 받으며 성대한 결혼식을 올리고 정식으로 부부가 되었다.

두 사람은 행복했지만 파리스가 헬레네를 납치함으로써 영웅시대의 막을 내리는 단초가 될 트로이 전쟁의 발판이 착실히 마련되었다. 헬레네가 남편 메넬라오스를 선택했을 때 그녀에게 청혼하려고 그리스 전역에서 모여든 영웅들이 다 같이 맹세했었기 때문이다.

"만약 이 결혼에 해를 끼치는 자가 있다면 모두 힘을 합쳐 헬레네의 남편을 돕겠다."

맹세는 유효했다. 즉, 파리스가 헬레네를 납치한 순간, 그리스의 온 영웅들이 '헬레네를 되찾기 위해 싸우겠다'는 신성한 의무를 다하기 위해 칼을 빼들었던 것이다.

파리스에게 푹 빠진 헬레네

■ 트로이 왕가 가계도

■ 스파르타 왕가 가계도

제우스 ═ 엘렉트라(아틀라스의 딸)
다르다노스 ─ *트로스
칼리로에
가니메데스 아사라코스 히에롬네메 *이로스 에우리디케
테미스 카피스 스트리모 *라오메돈
안키세스 ═ 아프로디테 여신
헤시오네 *프리아모스 ═ 헤카베 티토노스 ═ 에오스
리로스 아이네이아스 테우크로스 멤논 에마티온
카산드라 트로일로스 헬레노스 데이포보스 파리스 헥토르 ═ 안드로마케
아스티아낙스

* 표시는 트로이 왕

페리에레스 ─ 고르고네
제우스 ═ 레다 ═ *틴다레오스 아파레우스 ═ 아레네 *레우키포스 ═ 필로디케
포이베 힐라에이라(Hilaeira, Hilaira, 힐라이라)
*메넬라오스 ═ 헬레네 *아가멤논 ═ 클리타임네스트라 *카스토르(디오스쿠로이) *폴리데우케스(디오스쿠로이) 티만드라 마르페사 ═ *이다스 *린케우스
*멜레아그로스 ═ 클레오파트라
헤르미오네 오레스테스 엘렉트라 이피게네이아

* 표시는 스파르타 왕

원정군의 결집과
아킬레우스의 참전

잠시 집을 비운 사이에 아내가 외간남자와 눈이 맞은 데다 재산까지 빼돌려 가출했다는 사실을 알게 된 메넬라오스의 가슴이 와르르 무너졌다. 그는 곧장 미케네로 가서 자신의 형이자 헬레네의 언니 클리타임네스트라의 남편이었던 **아가멤논**과 대책을 상의했다.

메넬라오스는 형의 조언에 따라 필로스의 왕으로 신망이 두터웠던 네스토르를 찾아가 아가멤논을 총사령관으로 삼아 조직된 트로이 원정군에 가담해 달라고 설득했다. 영웅들은 모두 원정에 가담하겠다고 승낙했고, 각자 수하를 거느리고 그들을 태울 배와 함께 아울리스 항구에 집결했다.

그러나 위대한 전사였던 아킬레우스는 아직 원정군에 참가하지 않았다. 헬레네가 메넬라오스와 결혼할 때 아킬레우스는 아직 나이가 차지 않아 구혼자들이 나누었던 맹세에 가담하지 않았기 때문이다.

'만약 아킬레우스가 트로이에 가면 불멸의 명예를 얻겠지만, 전장에서 요절하게 된다.'

아킬레우스의 어머니였던 바다의 여신 테티스는 아들의 운명을 알고 있었다. 여신은 아들의 죽음을 막기 위해 여자 옷을 입혀 스키로스 섬으로 데려가서는 리코메데스 왕에게 숨겨달라고 부탁했다. 문제는 아폴론의 신탁이었다.

"아킬레우스가 트로이 원정에 참가하지 않으면 트로이를 함락시킬 수 없다."

원정군은 델포이 신탁에서 계시를 받았고, 이후 백방으로 수소문해 아킬레우스를 찾아 나섰다. 그리스 전역을 이 잡듯 뒤진 끝에 아킬레우스가 스키로스 섬에 숨어 있다는 정보가 들어왔다. 소식을 전해 들은 **오디세우스**가 나섰다.

"제가 가서 아킬레우스를 데려오겠습니다."

오디세우스는 네스토르와 함께 스키로스 섬으로 갔다. 오디세우스는 상인 행세를 하며 궁전으로 찾아가 알현을 요구했고, 선물로 가져온 장신구와 함께 무기를 늘어놓았다. 공주들은 반짝이는 장신구에 넋이 나가 자연스럽게 장신구 쪽으로 손을 뻗었지만 단한 사람만이 무언가에 홀린 듯 무기를 손에 들었다. 바로 아킬레우스였다. 여장을 하고 있었지만 타고난 전사의 본능까지는 숨길 수

장 오귀스트 도미니크 앵그르 〈아가멤논의 사절들〉 파리국립고등미술학교 소장(프랑스)

없었던 까닭이다.

아킬레우스가 무기를 잡는 순간 오디세우스는 밖에서 대기하고 있던 부하들에게 나팔을 불어 신호를 보냈다. 정체가 탄로 난 아킬레우스는 여자 옷을 벗어던지고 무장을 갖추더니, 오디세우스와 네스토르의 설득에 순순히 귀를 기울였다. 아킬레우스는 결국 트로이 전쟁에 힘을 빌려주겠다고 약속했다.

아킬레우스는 데이다메이아 공주와 리코메데스 왕의 만류를 뿌리쳤다.

"우리 네오프톨레모스를 훌륭한 전사로 키워주시오."

그는 아들을 잘 부탁한다는 말만 남긴 채 프티아로 돌아가, 미르미돈이라 불렸던 충성스러운 군대를 오십 척의 배에 태워 아울리스로 향했다. 참고로 이 군대에는 **파트로클로스**라는 아킬레우스의 둘도 없는 벗이 부대장으로 참가했다.

개전을 위해 희생된
이피게네이아

아킬레우스가 가세해 드디어 트로이를 향해 출항하려던 찰나, 난감한 사건이 발생했다. 항해에 필요한 바람이 느닷없이 멈추더니 바람이 없는 상태가 며칠이나 이어지는 것이었다.

아가멤논은 그리스군에 가담했던 카르카스라는 고명한 예언자에게 바람이 불지 않는 이유를 점치게 했다. 그러자 황당한 점괘가 나왔다. 아울리스에서 군대 집결을 기다리는 동안 아가멤논이 아르테미스 여신의 신성한 숲에서 사냥을 했고, 여신의 성수였던 멋진 수사슴을 활로 쏘아 죽이고 말았던 것이다.

"사냥 솜씨만 놓고 보면 아르테미스 여신에게도 뒤지지 않아."

아가멤논은 여신의 사슴을 죽인 것도 모자라, 한술 더 떠 자신의 실력을 자랑스럽게 떠벌리는 객기까지 부렸다. 아가멤논은 한 번도 모자라 두 번이나 연거푸 죄를 저질렀고, 아르테미스 여신이 격노해 바람을 멈추었던 것이다.

"죗값을 치르려면 아가멤논의 큰딸인 **이피게네이아**(Iphigeneia)를 제물로 바쳐야 한다."

단단히 화가 난 아르테미스는 엄청난 대가를 요구했다. 만약 제대로 된 속죄가 이루어지지 않으면 바람은 절대 다시 불지 않으리라……

아가멤논은 총사령관으로서의 책임을 다하기 위해 마음을 모질게 먹고는 사랑하는 딸을 제물로 바치겠다고 결심했다. 그리고 딸을 아킬레우스와 짝지어준다고 아내이자 왕비인 클리타임네스트라를 속여, 이피게네이아를 아울리스로 데려갔다.

아킬레우스의 신부가 된다고 믿고 설레는 가슴으로 꽃단장을 마친 이피게네이아는 사태의 진상을 알고 나자 아버지의 무릎에 매달려 울고 불며 살려달라고 애원했다. 그러나 마음을 독하게 먹은 아가멤논은 흔들리지 않았다. 자신에게 매달리는 딸을 포박하여 울부짖는 입을 막고 눈가리개까지 씌운 다음 제단 위로 끌고 갔다.

그런데 단검을 딸의 목덜미에 내리치려던 순간, 아르테미스가 처녀를 제단에서 데려가고 묶여 있던 수사슴을 대신 그 자리에 놓고 갔다. 그렇게 아가멤논은 여신의 배려로 딸이 아닌 사슴을 죽이게 되었다.

그러나 이피게네이아 대신 사슴을 제단 위에 두고 간 여신의 배

려를 알아차린 자는, 딸을 죽이려던 아가멤논을 포함해 단 한 사람도 없었다. 그 때문에 그 자리에 있던 그리스인들은 모두 아가멤논이 정말로 딸을 산 제물로 바쳤다고 믿고 속으로 울음을 삼켰다. 그리고 총사령관의 비장한 행위에 전군이 감동해 이 희생을 헛되이 하지 않기 위해서라도 원정을 반드시 성공시키겠다는 각오를 다졌다.

약속대로 목 빠지게 기다리던 항해에 필요한 바람이 불기 시작해, 그리스군은 천여 척의 배를 포함한 대군을 이끌고 트로이로 출항했다. 이로써 **트로이 전쟁**의 불씨가 당겨져 드디어 활활 타오르기 시작했다.

딸 대신 수사슴을 제물로 바치는 아가멤논

■ 트로이 전쟁의 양 진영

그리스 진영		
	아가멤논	그리스군 총사령관. 미케네 왕으로 메넬라오스의 형이다.
	메넬라오스	스파르타의 왕. 파리스에게 아내를 빼앗겨 형인 아가멤논에게 트로이 원정을 요청한다.
	아킬레우스	그리스군 최고의 전사. 발뒤꿈치가 유일한 약점이다.
	파트로클로스	아킬레우스의 절친한 벗. 헥토르에게 죽임을 당한다.
	네오프톨레모스	아킬레우스의 아들. 트로이 왕을 처치한다.
	오디세우스	그리스군 최고의 전략가. 트로이 전쟁이 끝난 후, 고국 이타카로 돌아갈 때까지 겪은 갖가지 모험과 기담을 읊은 호메로스의 《오디세이아》의 주인공이다.
	디오메데스	오디세우스의 친구. 아테나 여신의 도움을 얻어 아프로디테와 군신 아레스에게 상처를 입힌다.
	카르카스	그리스군을 이끄는 예언자.
	소(小) 아이아스	발이 빠르고 민첩하지만 난폭하고 호전적인 성미를 지녔다.
	대(大) 아이아스	엄청난 거구로 아킬레우스에 버금가는 전사.
	필록테테스	활쏘기의 명수. 파리스를 활로 쏘아 쓰러뜨린다.
	이도메네우스	크레타의 왕. 그리스군 유력 참모로 맹활약한다.
	네스토르	가장 연장자로 그리스군 수뇌 중 한 사람.

트로이 진영	**프리아모스**	오랫동안 트로이를 다스린 노령의 왕.
	헥토르	트로이 왕자. 트로이군 총사령관.
	파리스	아프로디테의 힘을 빌려 스파르타 왕비 헬레네를 데려와 전쟁의 방아쇠를 당긴다.
	아이네이아스	헥토르와 비금비금한 용감한 전사. 트로이가 함락된 후 아프로디테의 도움으로 도망쳐 로마를 건국한다.
	데이포보스	파리스가 죽은 후 헬레네의 남편이 되는 왕자.
	헬레노스	미래를 예언하는 힘을 지닌 왕자.

십 년이 되던 해에 벌어진
전국의 극적인 변화

이후 트로이 전쟁은 십 년이나 이어졌다. 트로이라는 도시가 포세이돈과 아폴론이 프리아모스 왕의 아버지였던 라오메돈을 위해 세운 난공불락의 성벽에 둘러싸여 있었기 때문이다. 인간의 수준을 뛰어넘는 아킬레우스의 능력에 겁을 집어먹은 트로이는 성벽 밖에서의 전투는 일치감치 손을 털고 포기했다.

최강의 그리스군도 신의 손길이 닿은 성벽을 부수고 도시를 공략해 함락시킬 수 없었다. 무료해진 그리스군은 소일거리 삼아 분탕질을 했다. 그들은 트로이를 포위하고는 부근 도시를 차례차례 공략해 재물을 약탈하고 여자들을 포로로 사로잡아 장수들끼리 나눠 가졌다. 그러다 십 년째 되던 해, 교착 상태에 빠진 전국에 극적인 변화를 가져올 사건이 발생했다. 아가멤논이 전권을 장악하고 그리스군을 좌지우지하는 데 염증을 느낀 아킬레우스가 더 이상 전장에 서지 않겠다고 선언했다.

아킬레우스가 전투에서 빠졌다는 소식을 전해 들은 트로이군은 성벽 밖으로 나와 그리스군을 수세로 몰아넣었고, 해변에 정박시켜 두었던 그리스군의 배까지 불태우려 했다. 그리스군의 위기를 감지한 아킬레우스의 벗 **파트로클로스**가 아킬레우스의 갑옷을 걸치고는 미르미돈(아킬레우스가 데려온 전사 집단)을 이끌고 참전했다.

아킬레우스가 전투에 나왔다고 믿은 트로이군은 발 빠르게 퇴각했고, 파트로클로스가 바싹 뒤쫓았다. 그러나 성벽까지 갔을 때 아폴론을 등에 업은 헥토르에게 당하고 말았다.

파트로클로스의 전사 소식을 들은 아킬레우스는 아가멤논과의 불화를 잠시 접어두고는 사랑하는 벗의 원수를 갚기 위해 다시 전장에 나가 트로이군을 닥치는 대로 쓰러뜨리며 마침내 헥토르까지 처치했다.

고군분투하던 트로이에도 바야흐로 역전의 기회가 찾아왔다. 세계의 변방에서 강력한 지원군이 속속 도착했다.

제일 먼저 **펜테질레아**라는 여왕이 이끄는 아마존 여전사들이 가세했다. 비록 여인의 몸이지만 평범한 남자들은 무기를 들고도 쓰러뜨리지 못하는 일당백의 전사들이었다. 펜테질레아는 그리스 영웅들이 겁을 집어먹고 몸을 사릴 정도로 멋들어진 무용을 선보인 끝에, 아킬레우스의 손에 장렬하게 전사했다. 펜테질레아를 쓰러뜨리고 시신에서 투구를 벗겨 여왕의 기품 넘치는 얼굴을 본 아킬레우스는 자신이 죽인 적을 연모해 눈물을 떨구었다고 한다.

이어서 세계의 동쪽 끝에 있는 에티오피아에서 검은 피부를 지닌 병사들이 당도했다. 멤논 왕이 검은 전사들을 이끌었다. 멤논은 새벽의 여신 에오스의 아들로, 아버지는 프리모스의 큰형 티토노스였다.

멤논 역시 아킬레우스의 일격에 속절없이 스러져갔다. 그런데 전사한 그의 시신이 순식간에 사라졌다. 제우스의 윤허를 받아 죽음의 신 타나토스와 잠의 신 히프노스가 시신을 거두어갔기 때문이다.

■ 각 진영에 가담한 신들

그리스군 진영	**아테나**	가장 아름다운 여신으로 뽑히지 않은 데 분개해 그리스군에 가담. 특히 디오메데스라는 영웅에게 힘을 보태 갖가지 공을 세우고 오디세우스를 마지막까지 보살폈다.
	헤라	가장 아름다운 여신으로 뽑히지 않자 그리스군 편을 든다. 제우스가 헥토르를 싸고돌자 앙심을 품고 분노의 화살을 트로이로 돌린다.
	포세이돈	트로이 왕을 위해 성벽을 세울 때, 트로이 왕이 포세이돈에게 바치는 제물을 소홀히 하며 생긴 서운한 감정을 트로이 왕족에게 풀기 위해 그리스군에 가담한다.
	헤파이스토스	아내인 아프로디테와 연인 아레스가 트로이 편을 들자, 그리스군에 힘을 실어준다.
트로이군 진영	**아프로디테**	가장 아름다운 여신으로 자신을 선택해준 파리스와 사랑하는 아들 아이네아스를 위해 끝까지 트로이 편에 선다.
	아레스	아프로디테에게 발목을 잡혀 반강제로 트로이군에 가세. 아테나의 가호를 받은 디오메데스에게 부상을 당한다.
	아폴론	트로이의 가장 강력한 지원군. 아가멤논이 아폴론을 모시는 신전 사제였던 왕의 딸 크리세이스를 노예로 삼자 발끈해 그리스 진영에 역병의 화살을 쏜다. 파리스에게 아킬레우스를 활로 쏘아 죽이게 만든다.
양 진영에 모두 가담	**제우스**	각 진영에 가담한 신들의 폭주를 다스리는 한편, 상황에 따라 각 군에 힘을 실어주지만, 끝내 트로이를 멸망시킨다.

트로이의 함락과
영웅시대의 종말

멤논이 화살을 맞고 쓰러지자 트로이군은 삽시간에 무너졌다. 성 안으로 도망치려는 트로이군을 추격하던 아킬레우스는 성문이 닿을 듯 말 듯한 거리까지 따라잡았다.

트로이는 벼랑 끝까지 내몰렸다. 그런데 아폴론에게 아킬레우스의 약점이 발뒤꿈치라는 이야기를 들은 파리스가 발뒤꿈치를 겨냥해 활을 쏘았고, 아폴론은 활이 명중되도록 살짝 힘을 보태주었다. 아폴론의 가호 덕분에 화살은 명중했고, 파리스는 역전의 용사를 쓰러뜨리는 데 성공했다.

그러나 파리스의 운도 오래가지 못했다. 얼마 후 전투에서 화살에 맞아 숨졌고, 이후 헬레네는 살아남은 프리모스 왕의 왕자 중 한 사람인 데이포보스의 아내가 되었다.

결국 트로이군은 오디세우스가 고안한 '목마' 작전으로 함락되었다. 그리스군에 가세한 에페이오스라는 공작의 달인이 배 속이 텅 빈 거대한 목마를 만들어 그 안에 장수들과 병사들이 몸을 숨긴다는 기발한 전략을 내놓았다. 나머지 군사들은 야음을 틈타 진영을 불태웠고, 목마만 남기고 배에 올라 해안으로 나가서는 테네도스 섬 그늘에 숨었다.

　　아침이 되어 그리스군이 사라져 휑해진 전장을 본 트로이군은 긴 전쟁에 지친 적이 승리를 목전에 두고 귀국했다고 착각하고, 목마를 전리품으로 챙겨 성 안으로 끌고 들어와 왕궁 앞 광장에 전시했다. 그리고 신들에게 감사의 제의를 바친 다음 도시 전체에서 축하 잔치를 열고는 흥청망청 술에 취해 불침번도 세우지 않고 온 도시가 무방비 상태로 잠에 빠져들었다.

발뒤꿈치에 화살을 맞고 쓰러지는 아킬레우스

때를 기다리던 그리스 영웅들은 목마에서 나와 성문을 활짝 열고 아군을 맞아들였다. 그렇게 트로이군은 저항다운 저항도 해보지 못한 채 검불처럼 쓰러졌다. 그리스군은 트로이 남자들을 몰살하였고, 여자들은 포로로 잡고 재화를 약탈한 다음 도시를 불태웠다.

승리를 거둔 그리스군은 여자와 보물을 나누어 가진 후에 귀국길에 올랐지만, 대부분의 그리스군은 트로이 함락 당시 저지른 행패로 신들을 노엽게 만들었기에 벌을 받아 무사히 고국으로 돌아가지 못했다.

대표적으로 아가멤논은 미케네로 돌아가자 클리타임네스트라 왕비의 연인이 된 아이기스토스에게 속아 참혹한 최후를 맞았다.

헬레네를 되찾아 귀국하려던 메넬라오스도 폭풍을 만나 상당수의 배를 잃고 이집트로 표류했다. 다행히 메넬라오스는 이집트에

서 오 년을 보낸 후 스파르타로 돌아가 헬레네와 평온한 삶을 누렸다고 한다.

오디세우스는 그 누구보다 기구한 운명의 주인공이 된다. 오디세우스는 트로이를 나와 이타카로 가는 길에 올랐지만, 왕위와 정조를 지키며 지아비를 기다리던 페넬로페이아 왕비와 재회하기까지 장장 십 년이 걸렸다. 오랜 시간에 걸친 그 모험은 호메로스의 시《오디세이아》에 상세하게 묘사되어 있다.

어쨌든 트로이 전쟁과 그 여파로 일어난 사건들로 인해 영웅 종족은 이 세상에서 자취를 감추었다. 영웅 종족과 함께 신화의 시대는 막을 내렸고, 이후 현재 우리 인간들이 사는 시대가 시작되었다고 한다.

처음 시작하는
그리스 신화

1판 1쇄 발행   2017년 10월 16일
1판 2쇄 발행   2019년 3월 2일

지은이   요시다 아쓰히코
펴낸이   조윤지
옮긴이   서수지
P   R   유환민
디자인   woojin(宇珍)

펴낸곳 ｜ 책비(제215-92-69299호)
주소   (13591) 경기도 성남시 분당구 황새울로 342번길 21 6F
전화   031-707-3536
팩스   031-624-3539
이메일   readerb@naver.com
블로그   blog.naver.com/readerb

'책비' 페이스북
www.FB.com/TheReaderPress

책비(TheReaderPress)는 여러분의 기발한 아이디어와 양질의 원고를 설레는 마음으로
기다립니다. 출간을 원하는 원고의 구체적인 기획안과 연락처를 기재해 투고해 주세요.
다양한 아이디어와 실력을 갖춘 필자와 기획자 여러분에게 책비의 문은 언제나 열려 있습니다.
 • readerb@naver.com